Ce Livre

Appartient à

CRÂNE LIVRE DE COLORIAGE

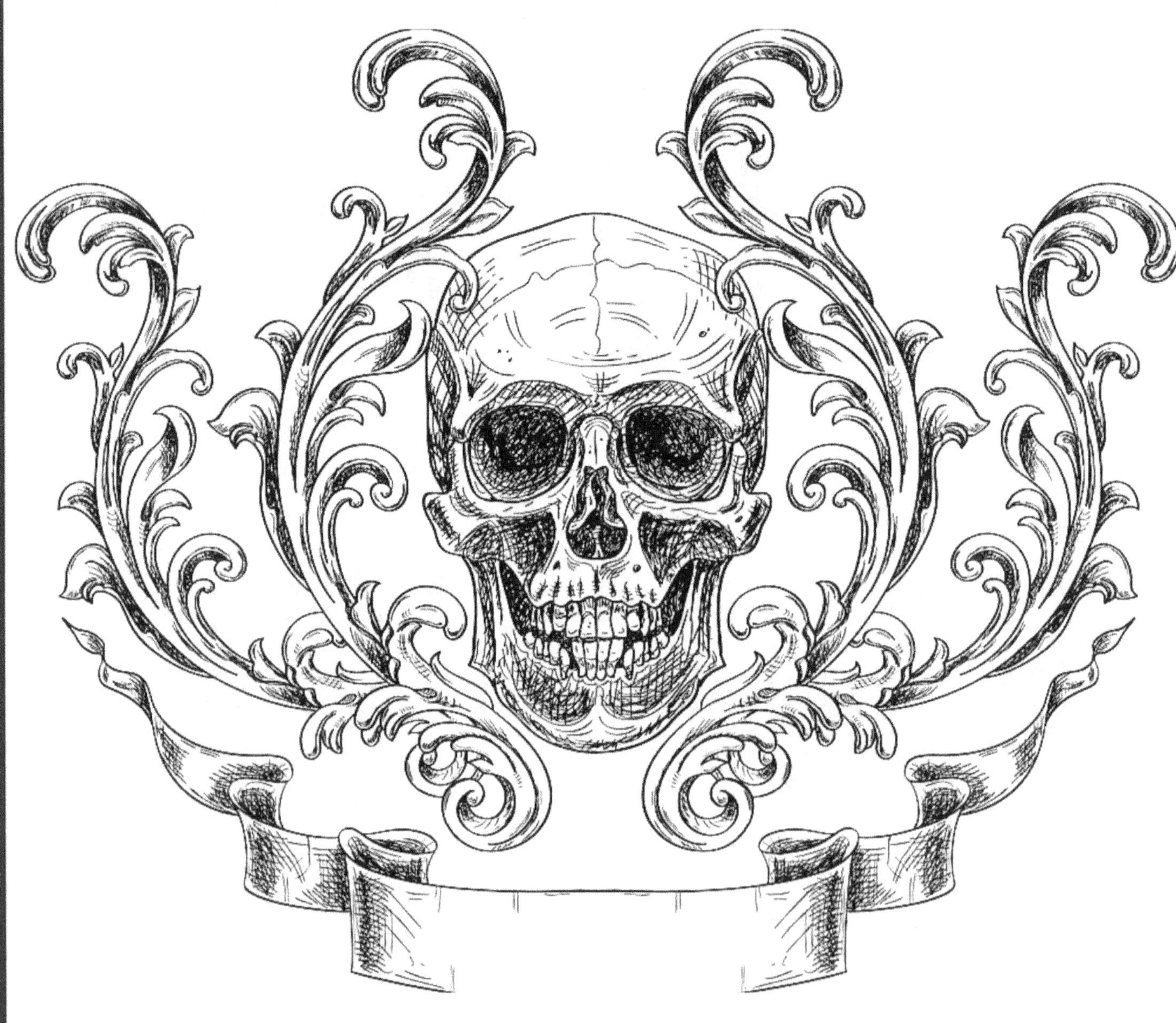

CRÂNE LIVRE DE COLORIAGE

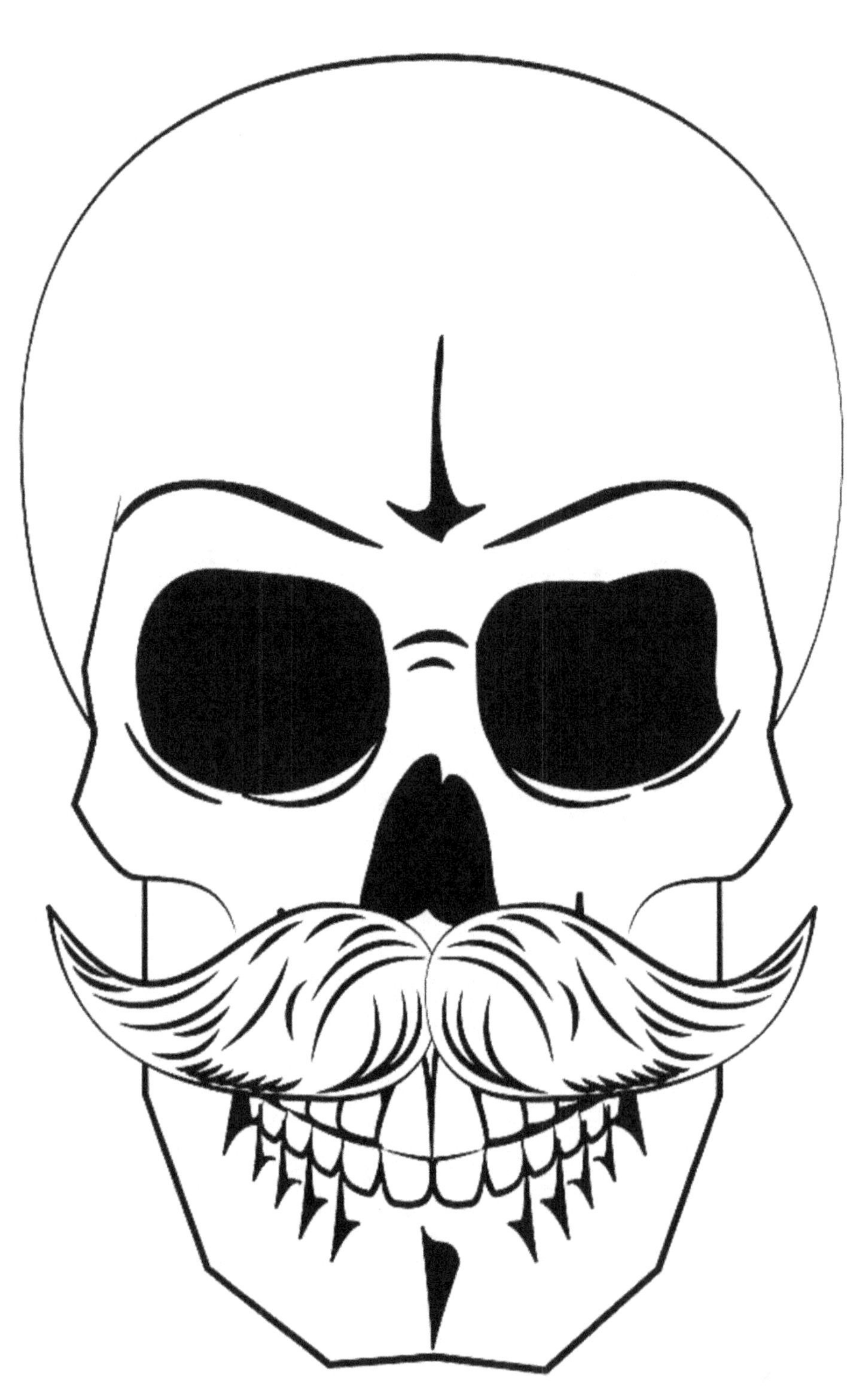

CRÂNE LIVRE DE COLORIAGE

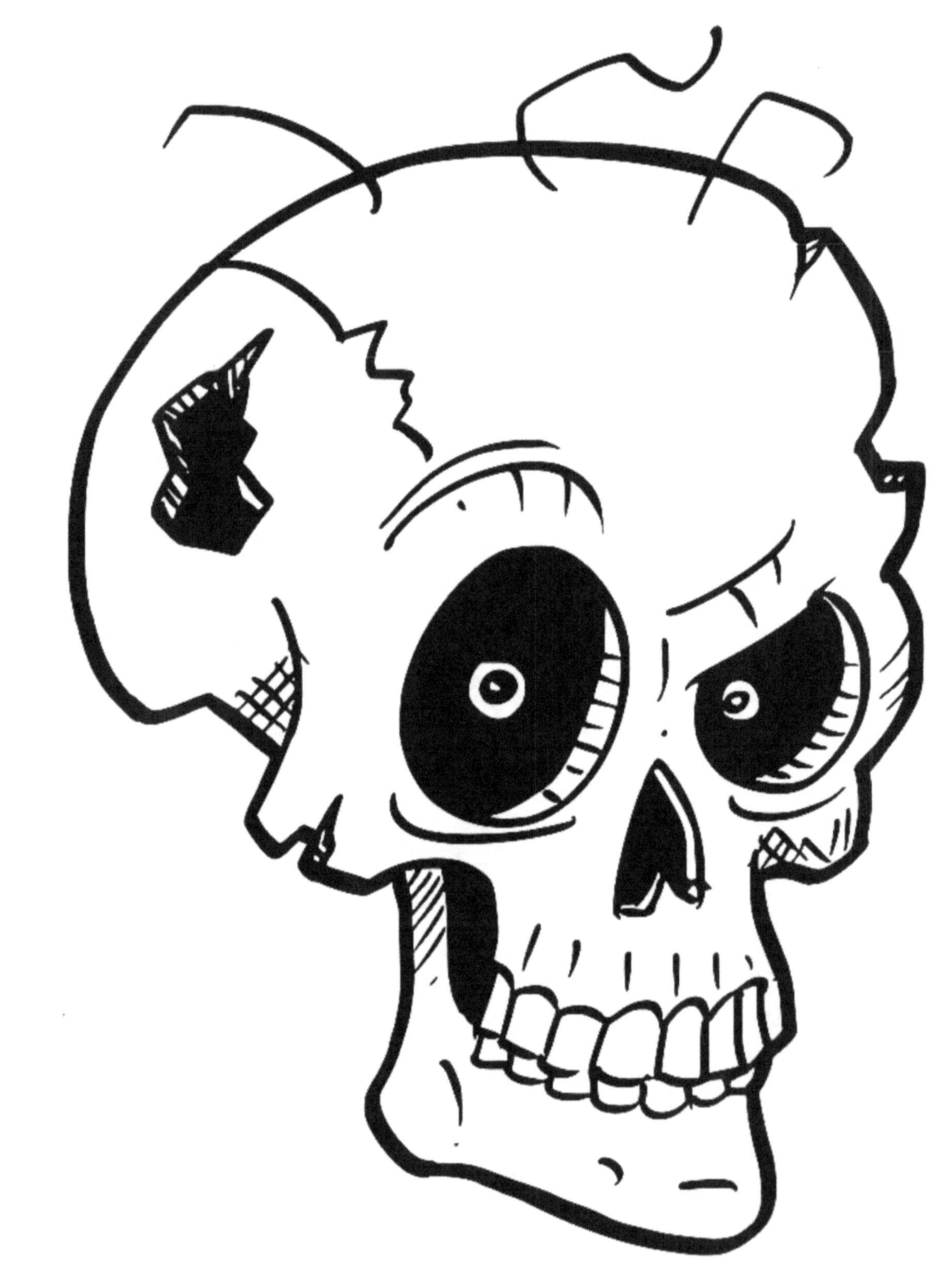

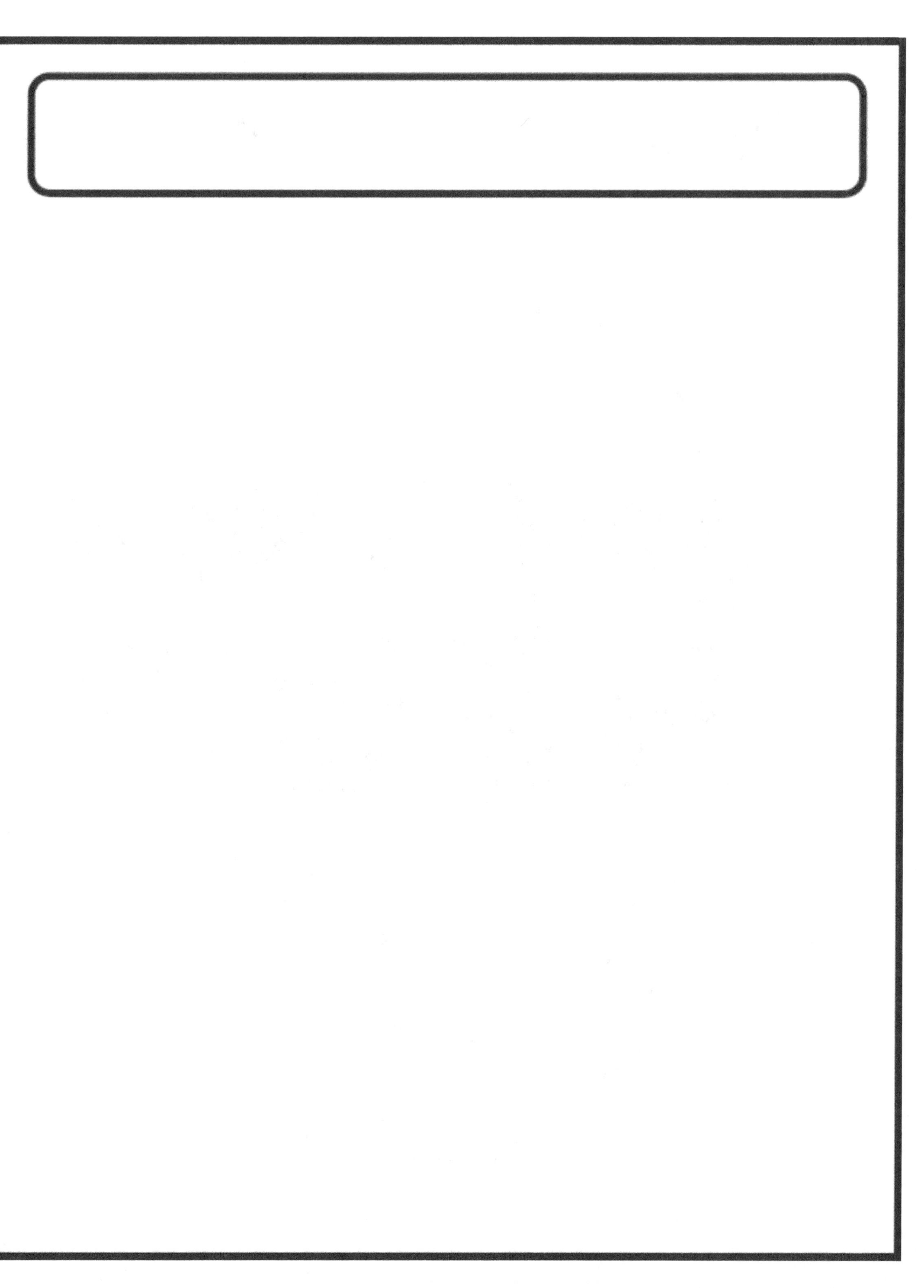

CRÂNE LIVRE DE COLORIAGE

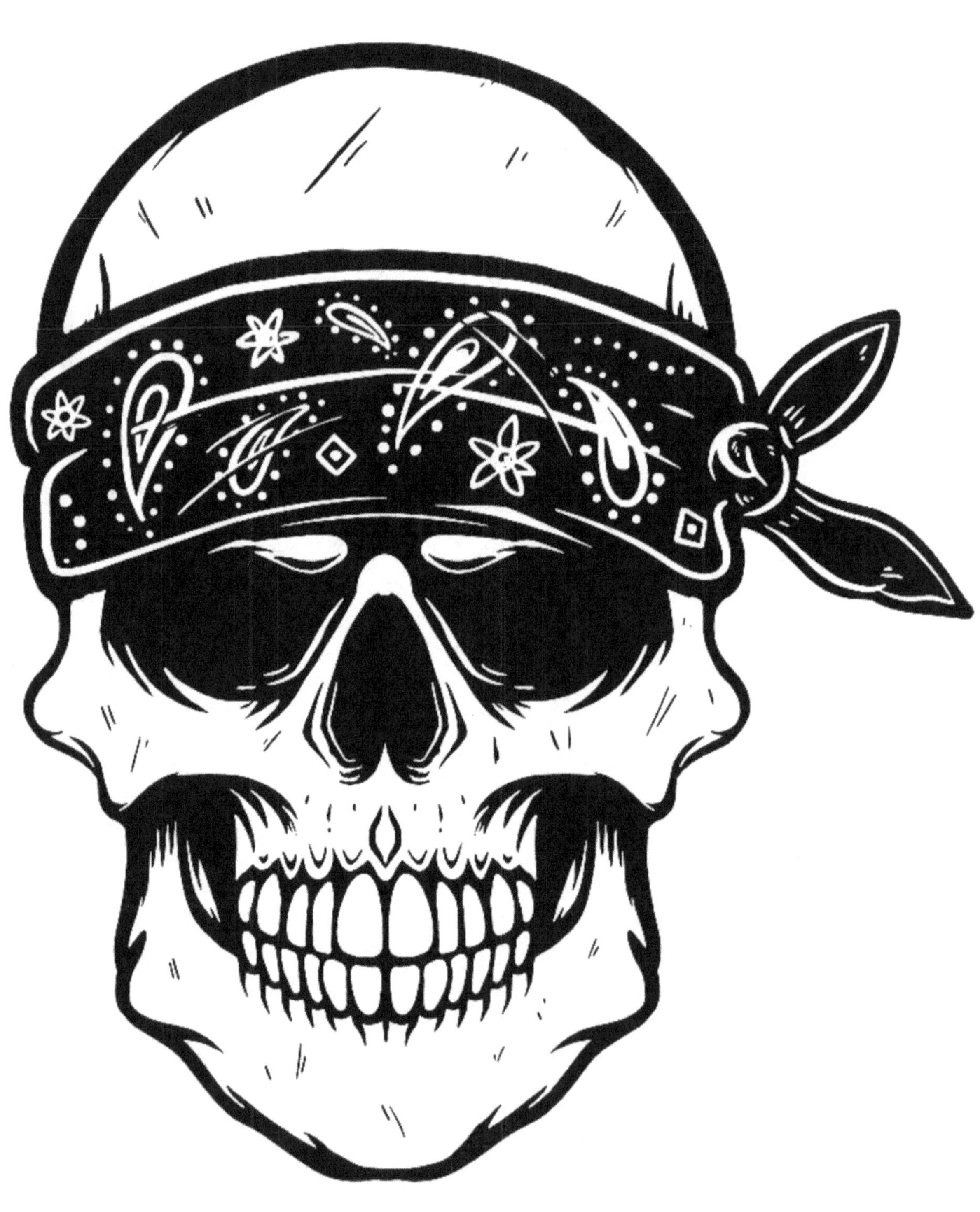

CRÂNE LIVRE DE COLORIAGE

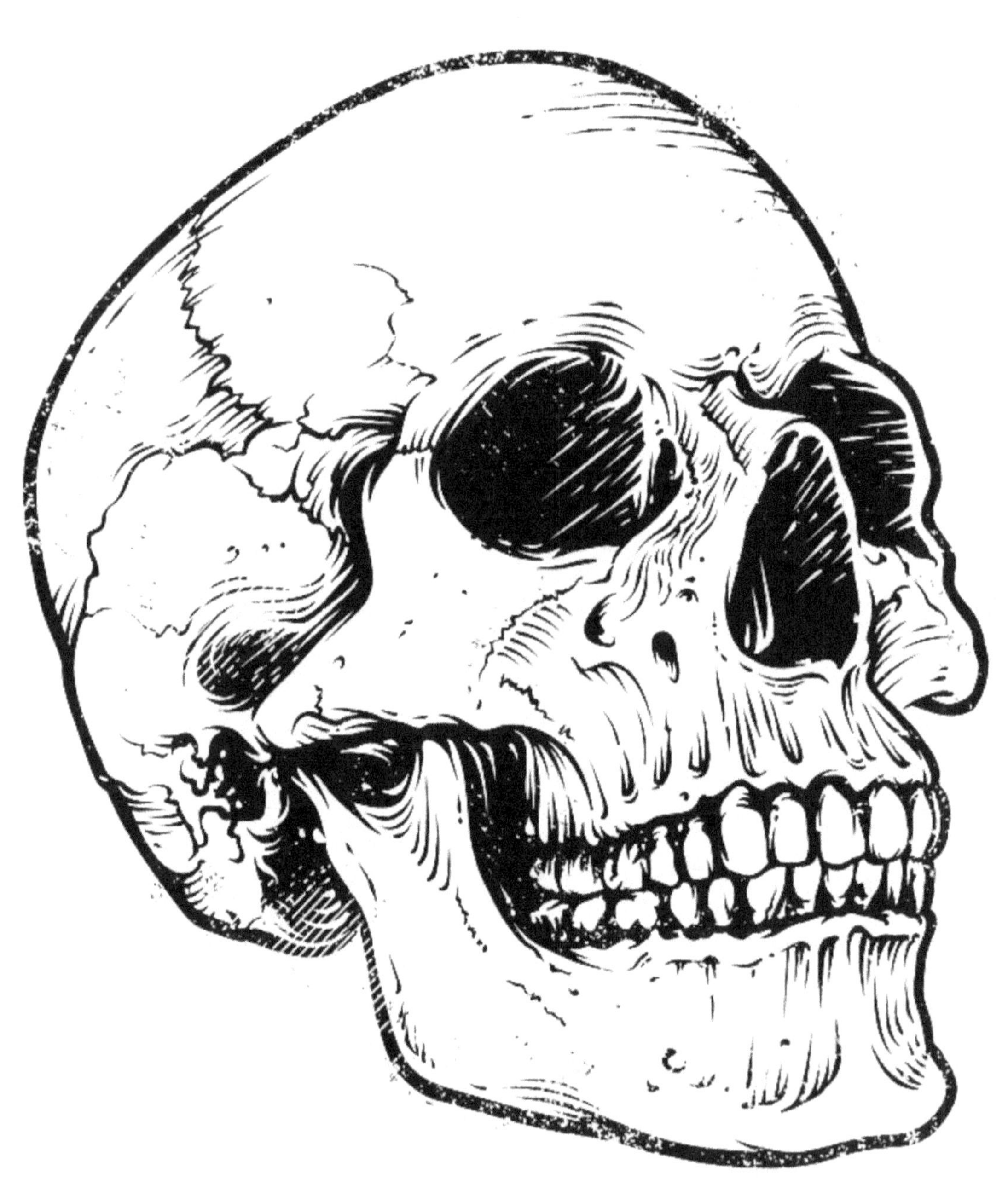

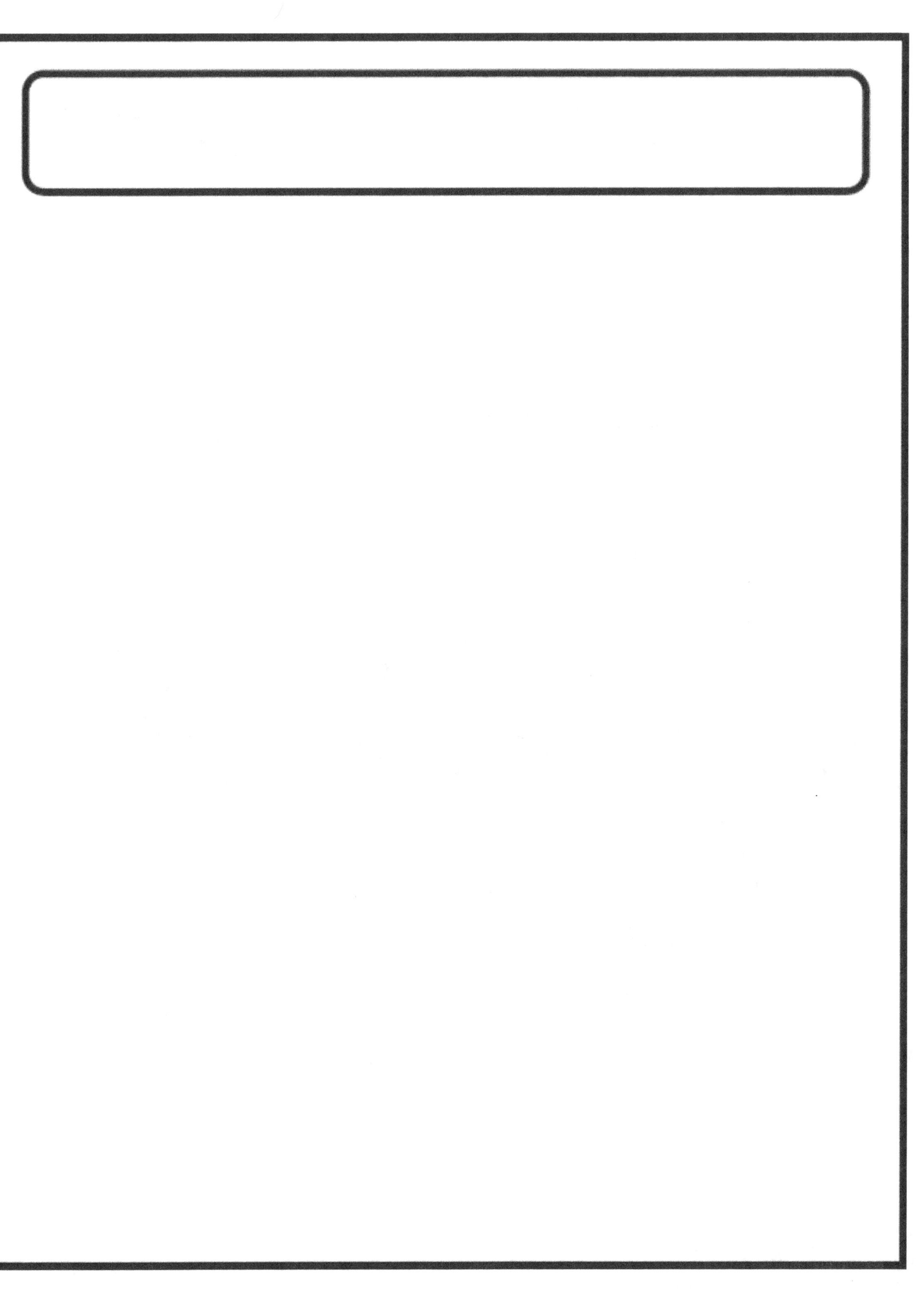

CRÂNE LIVRE DE COLORIAGE

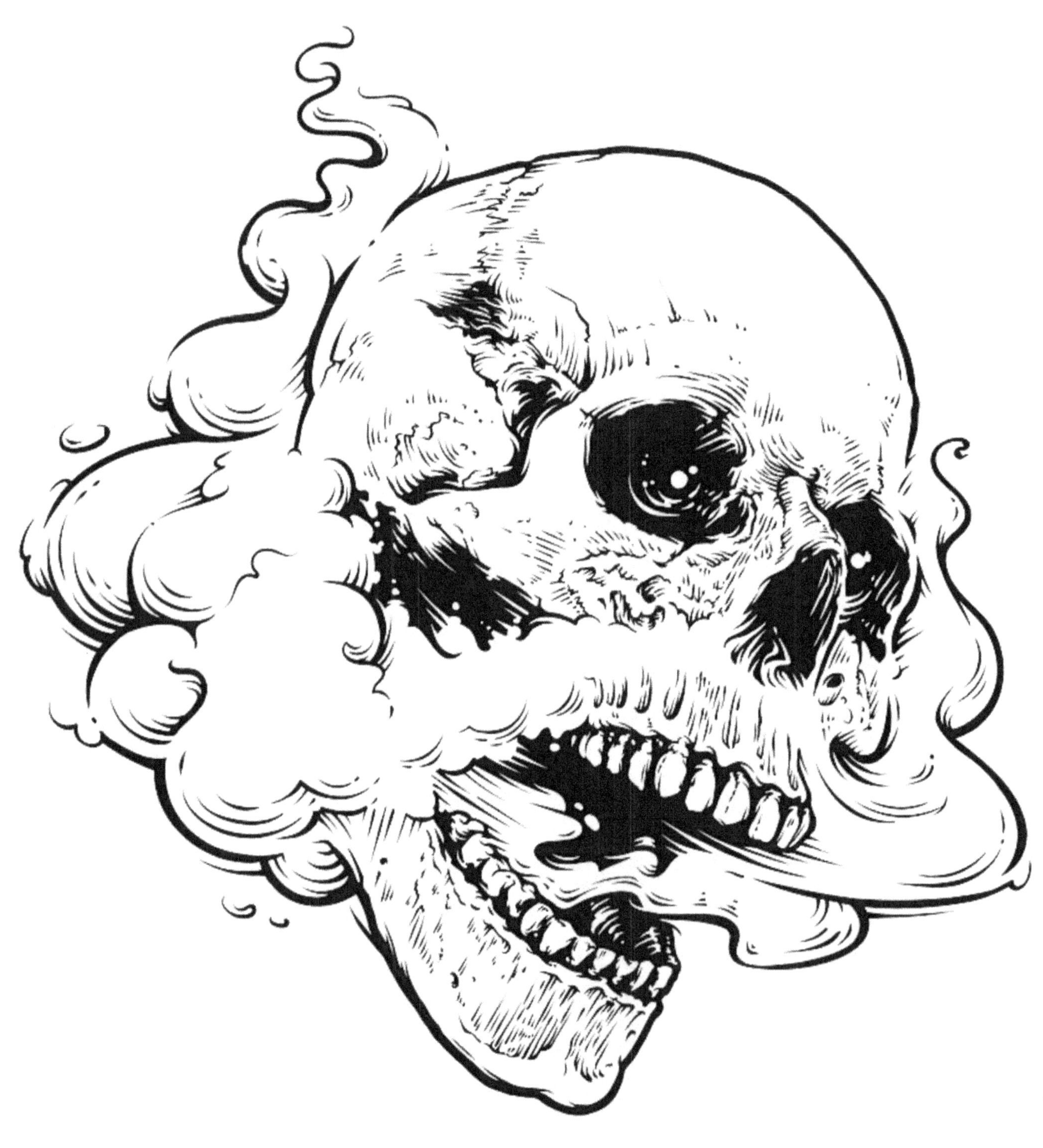

CRÂNE LIVRE DE COLORIAGE

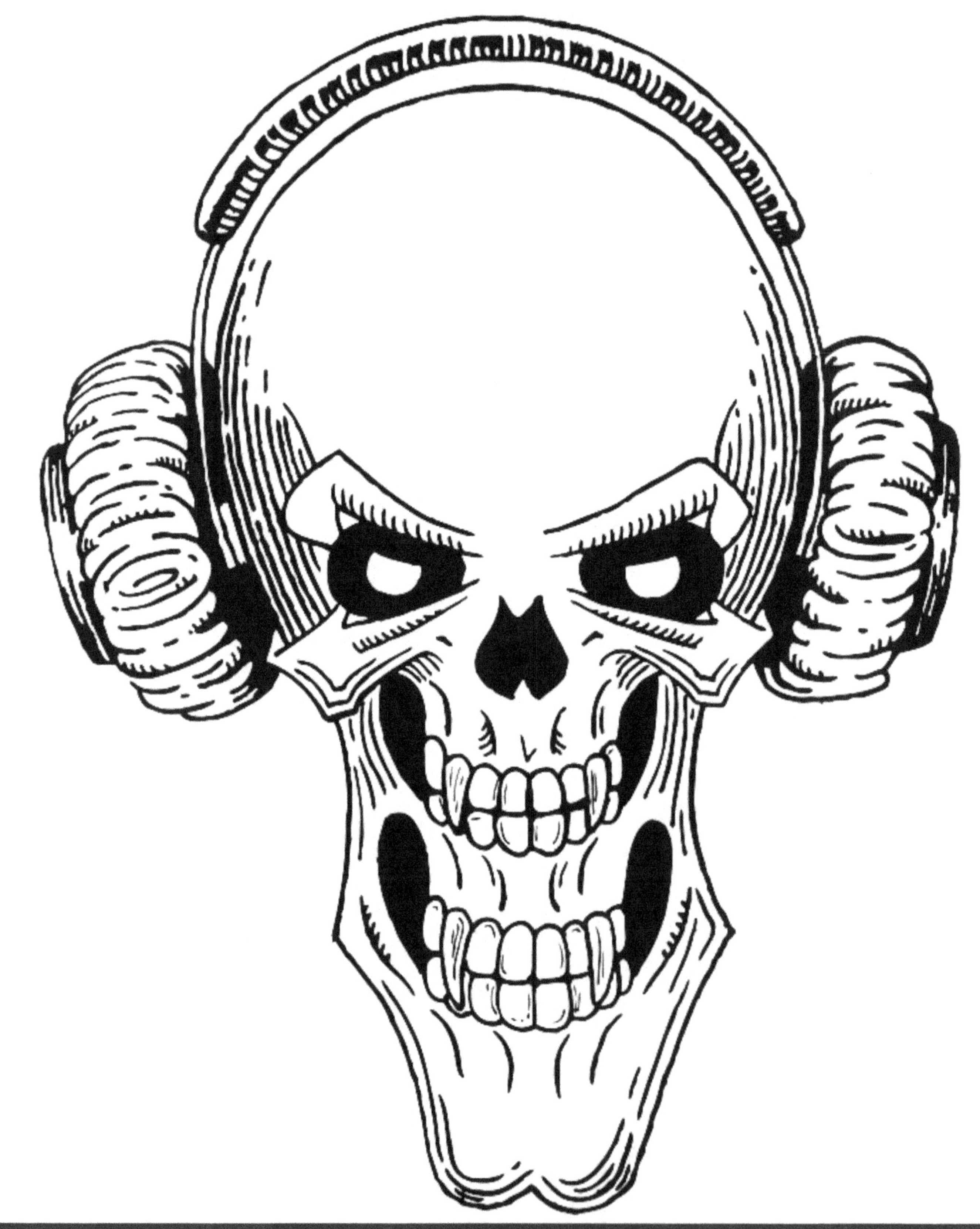

CRÂNE LIVRE DE COLORIAGE

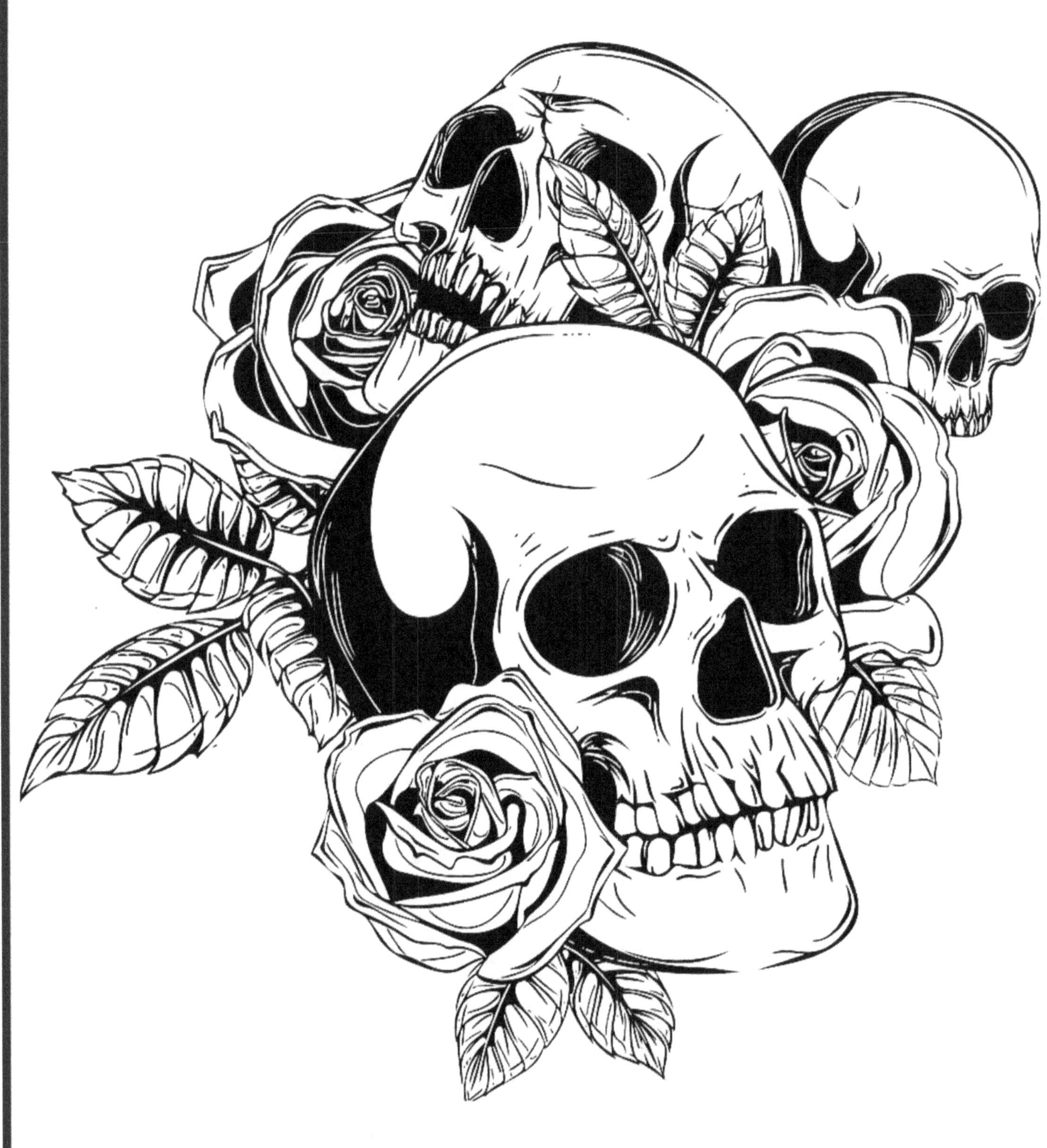

CRÂNE LIVRE DE COLORIAGE

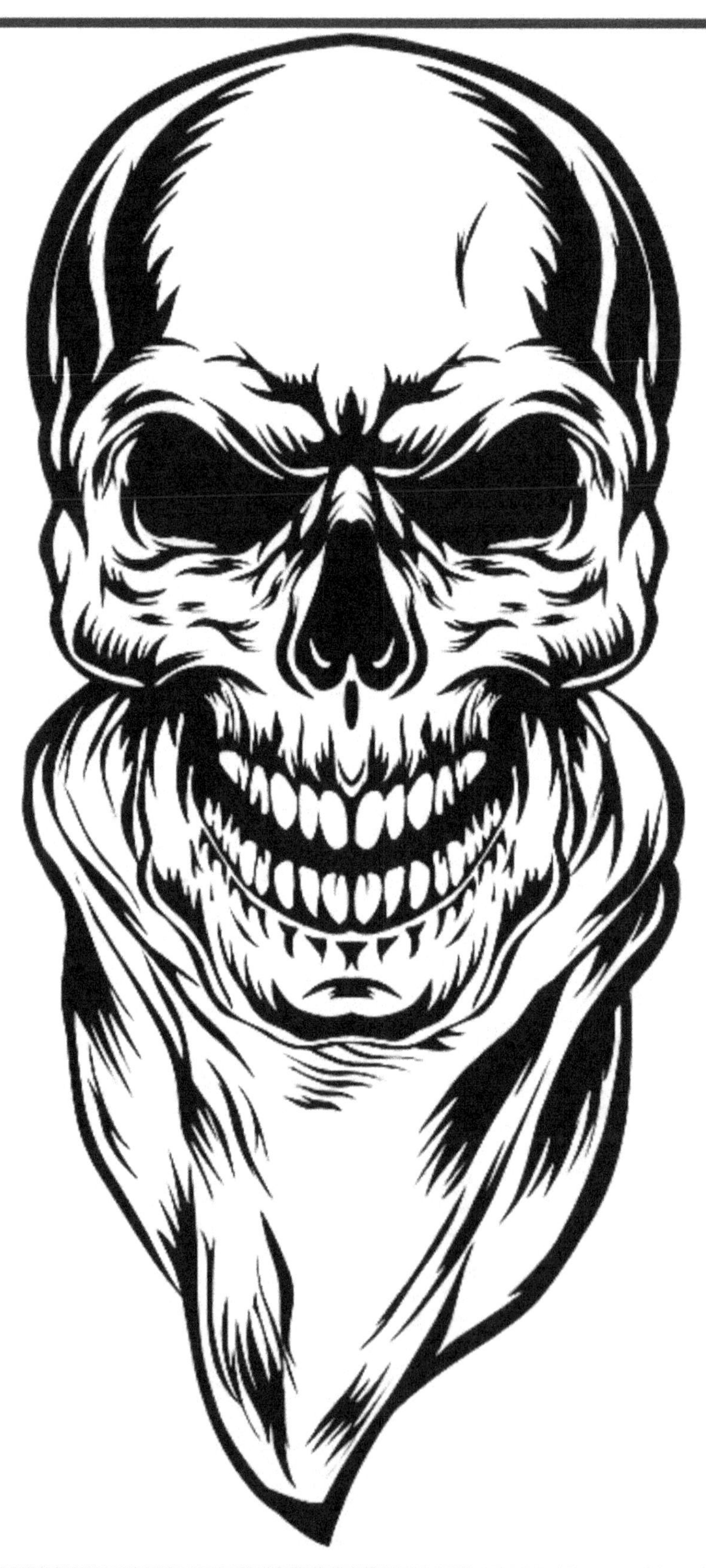

CRÂNE LIVRE DE COLORIAGE

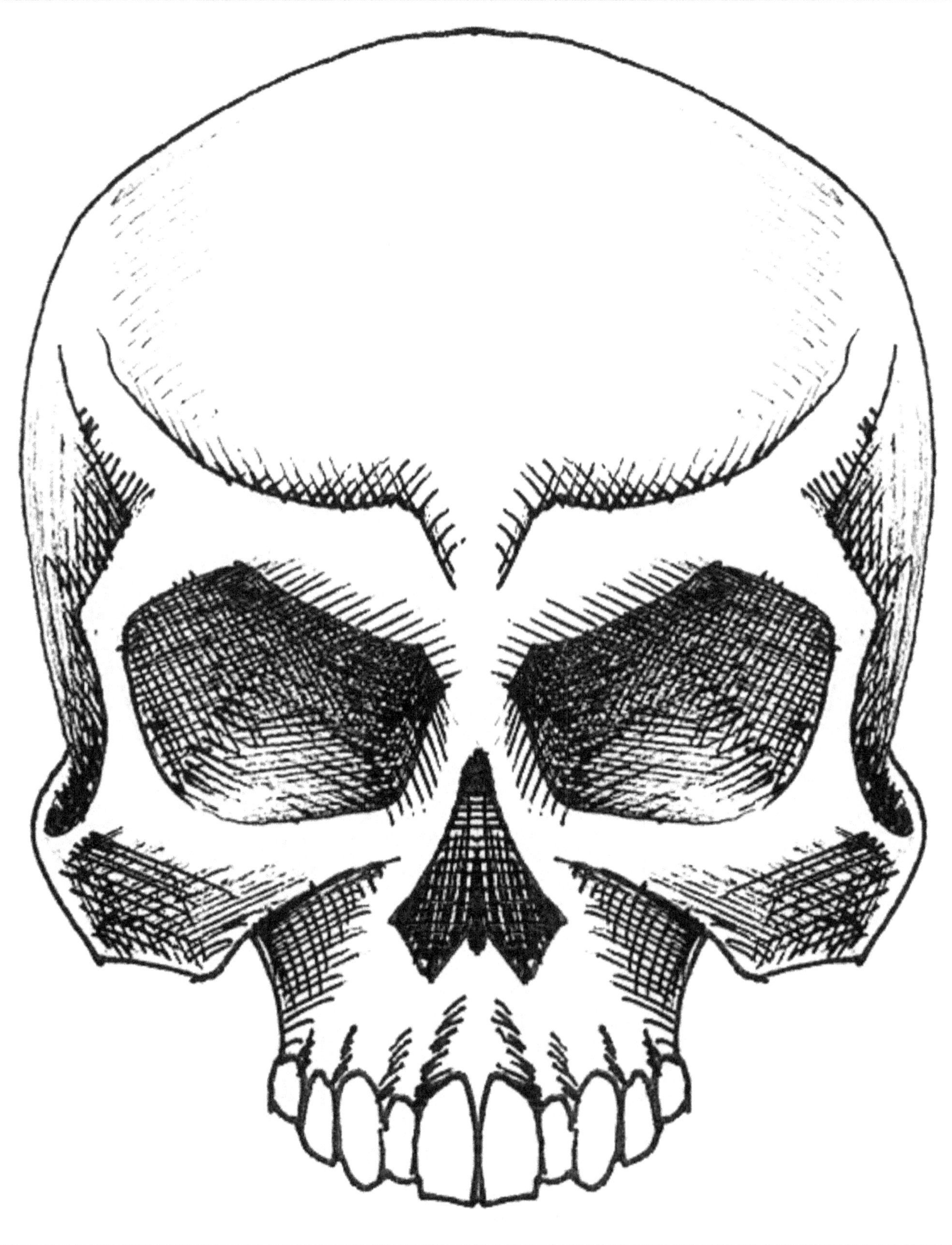

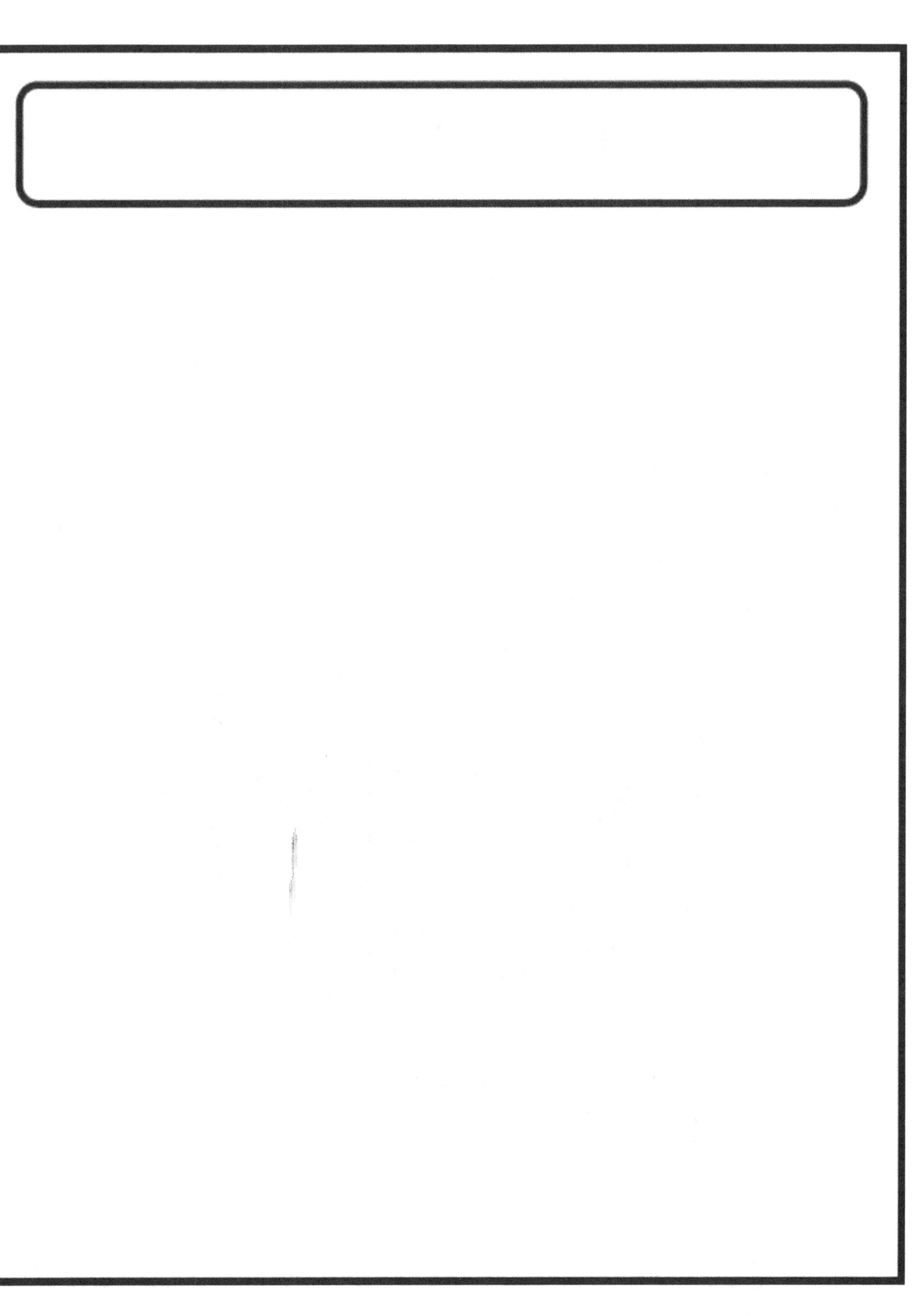

CRÂNE LIVRE DE COLORIAGE

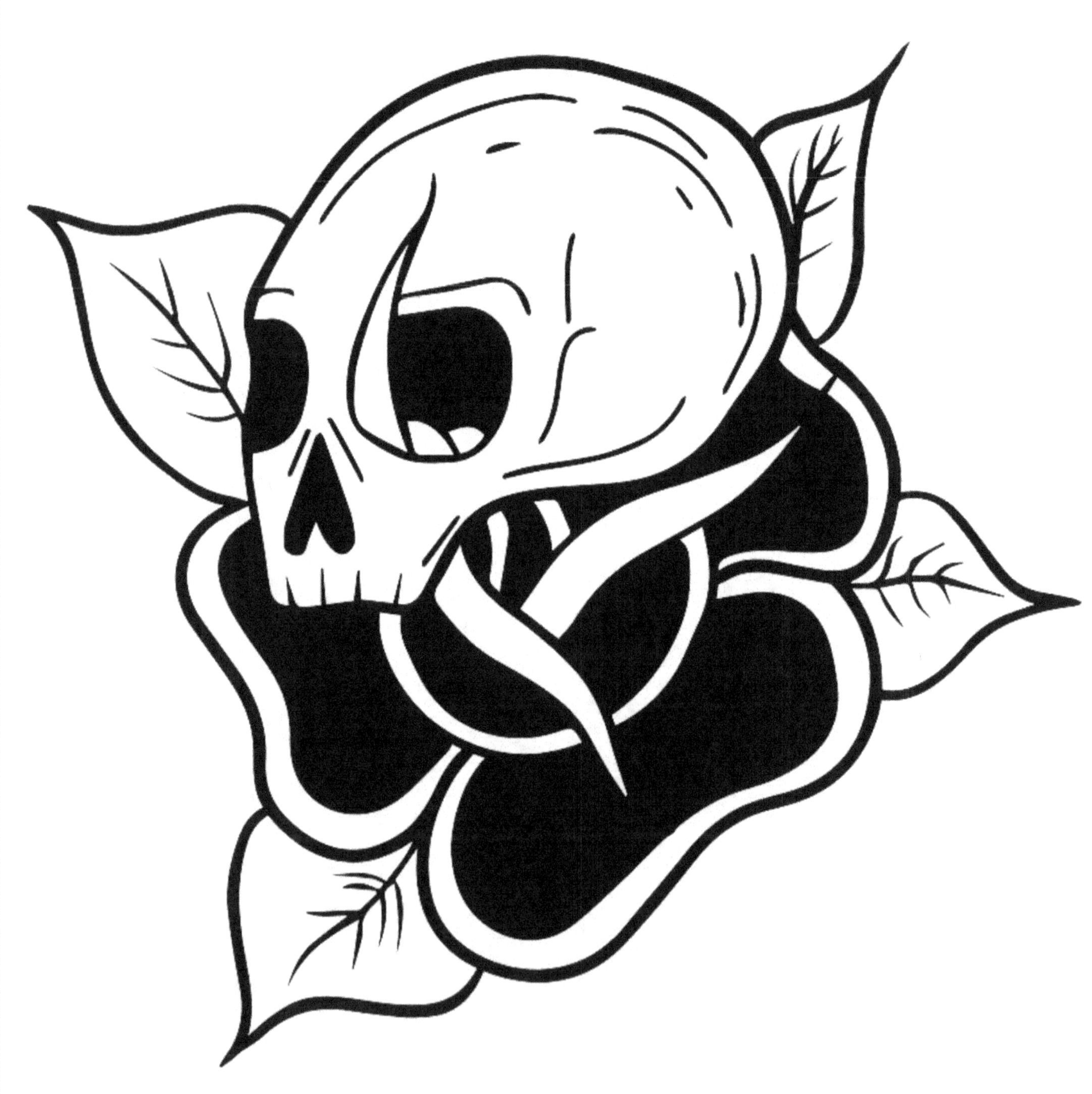

CRÂNE LIVRE DE COLORIAGE

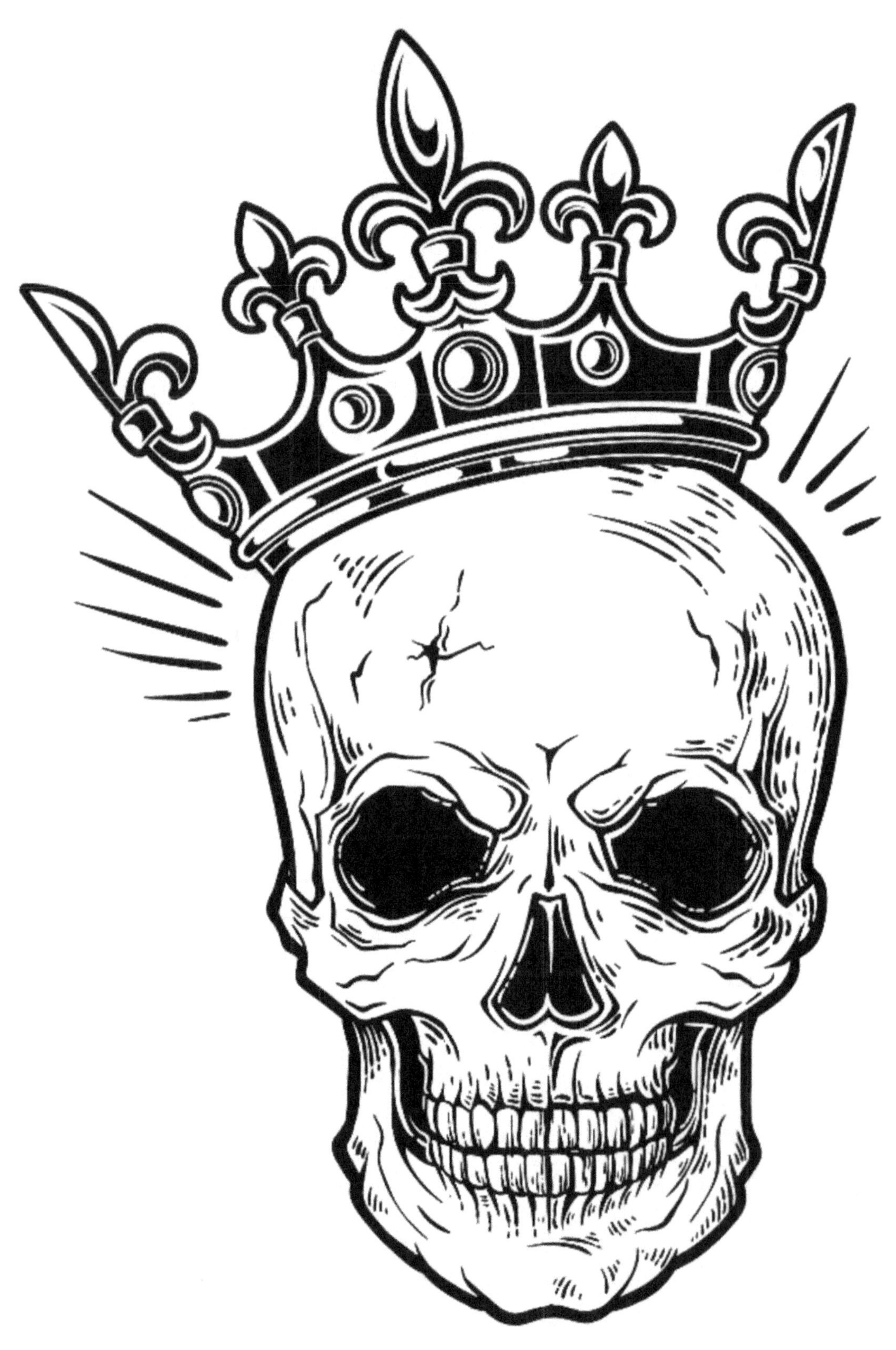

CRÂNE LIVRE DE COLORIAGE

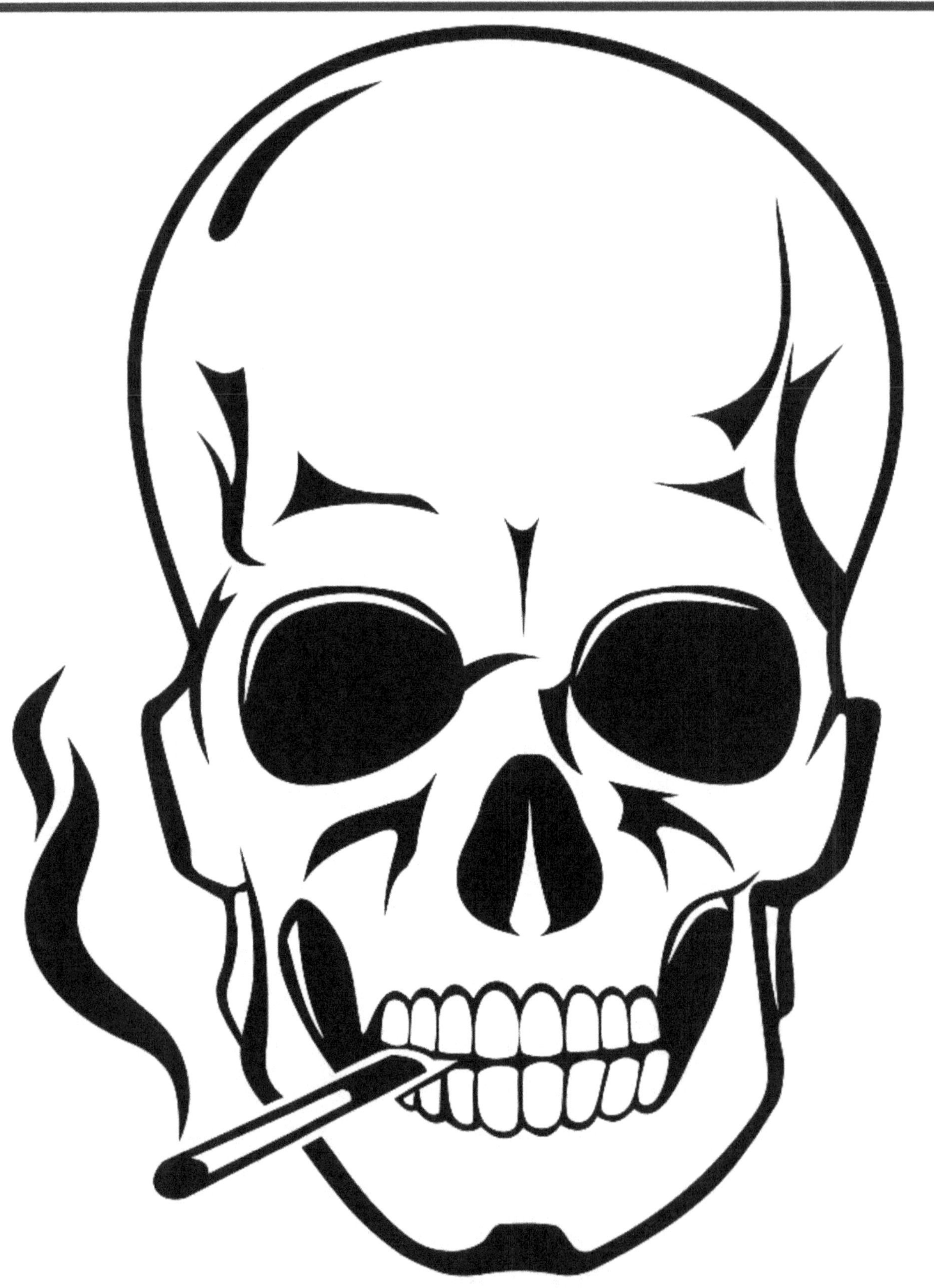

CRÂNE LIVRE DE COLORIAGE

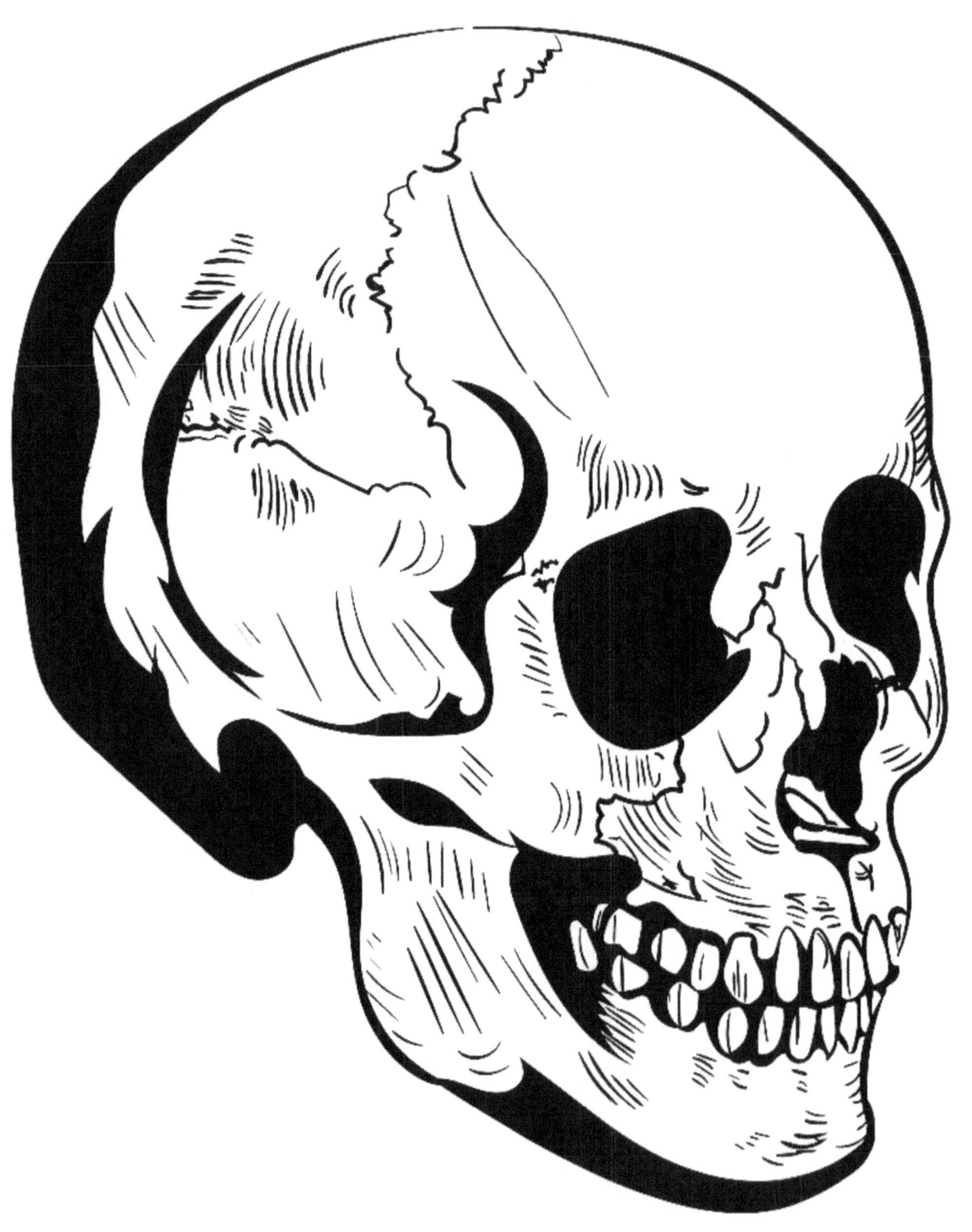

CRÂNE LIVRE DE COLORIAGE

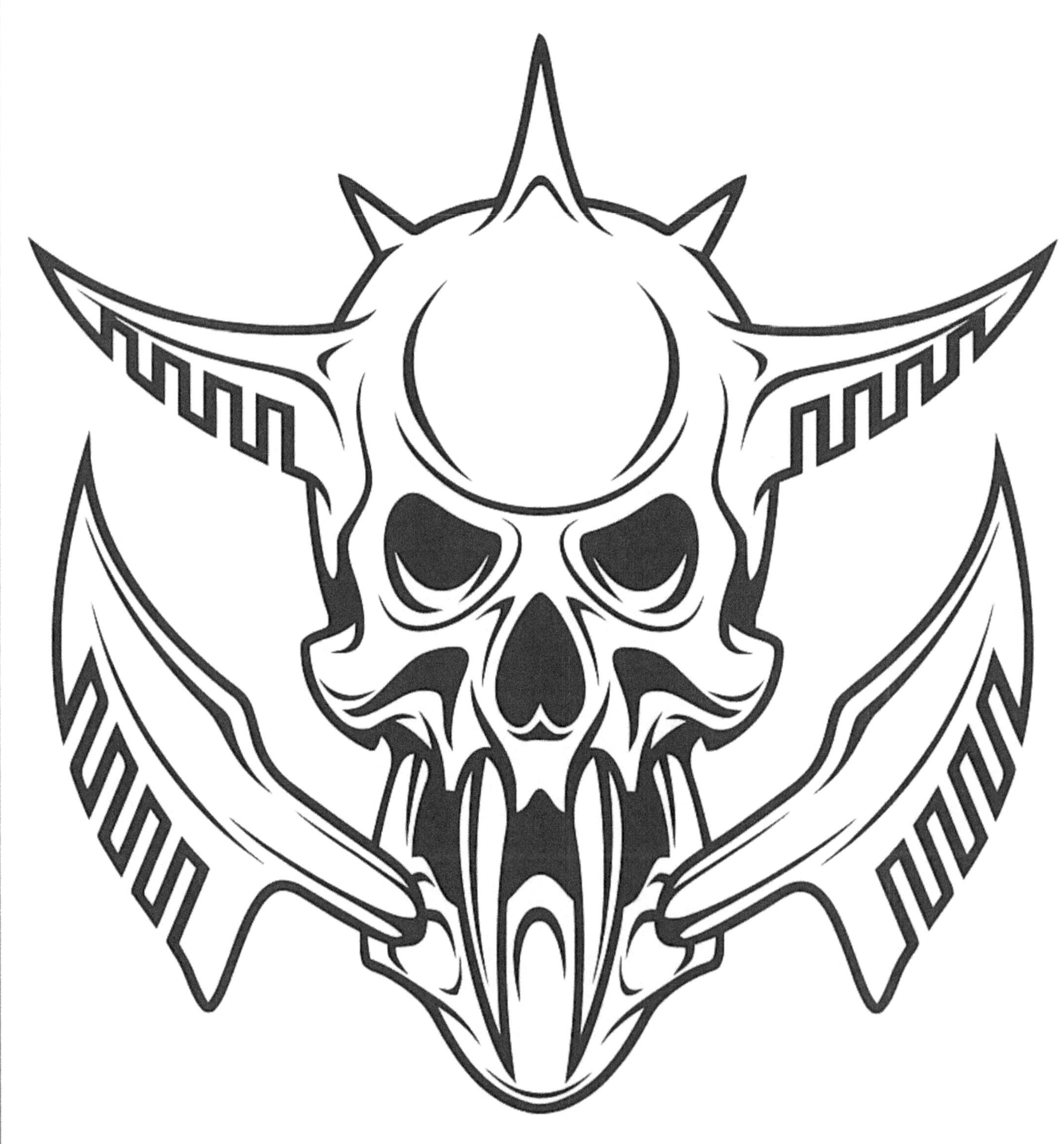

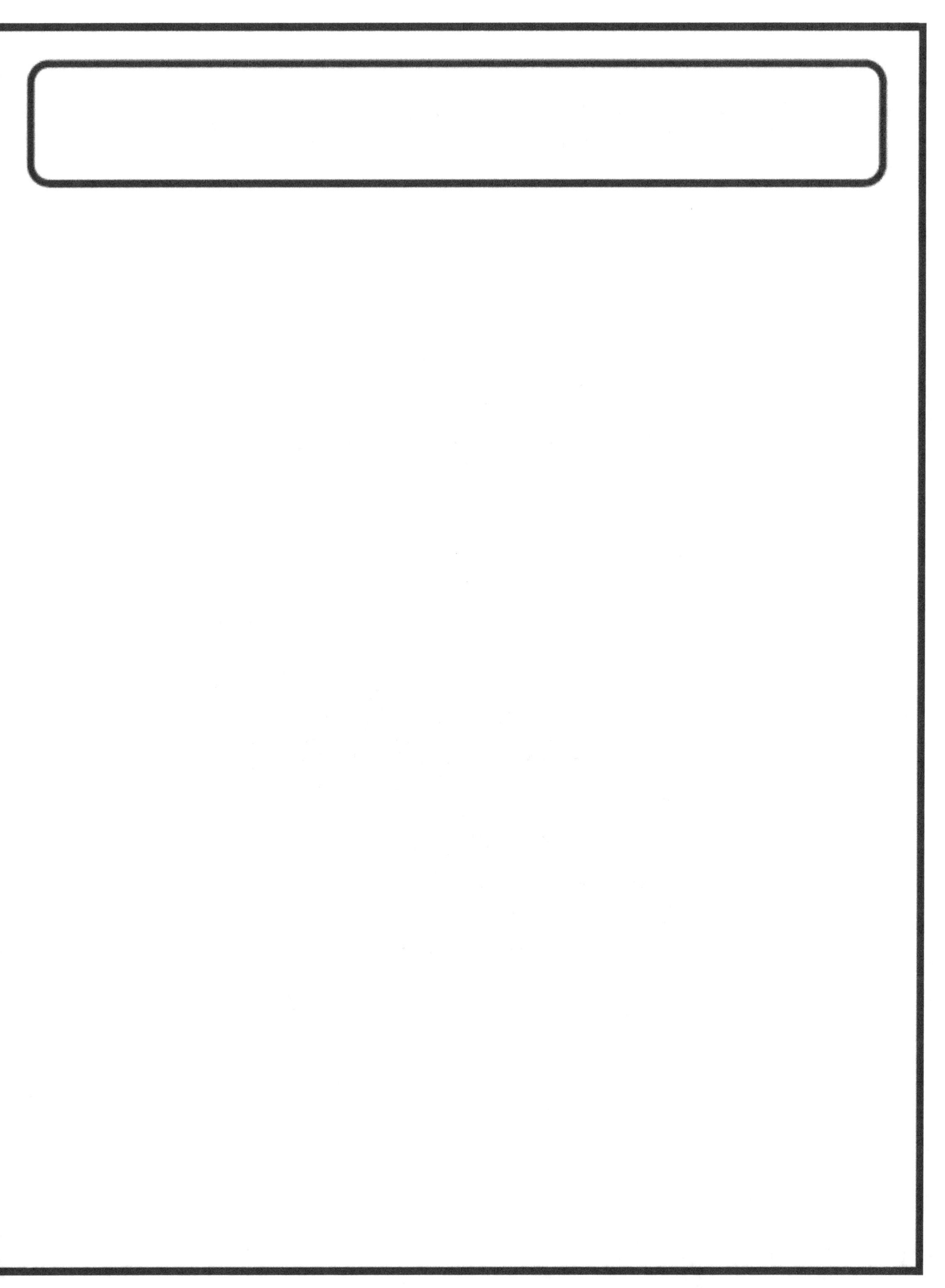

CRÂNE LIVRE DE COLORIAGE

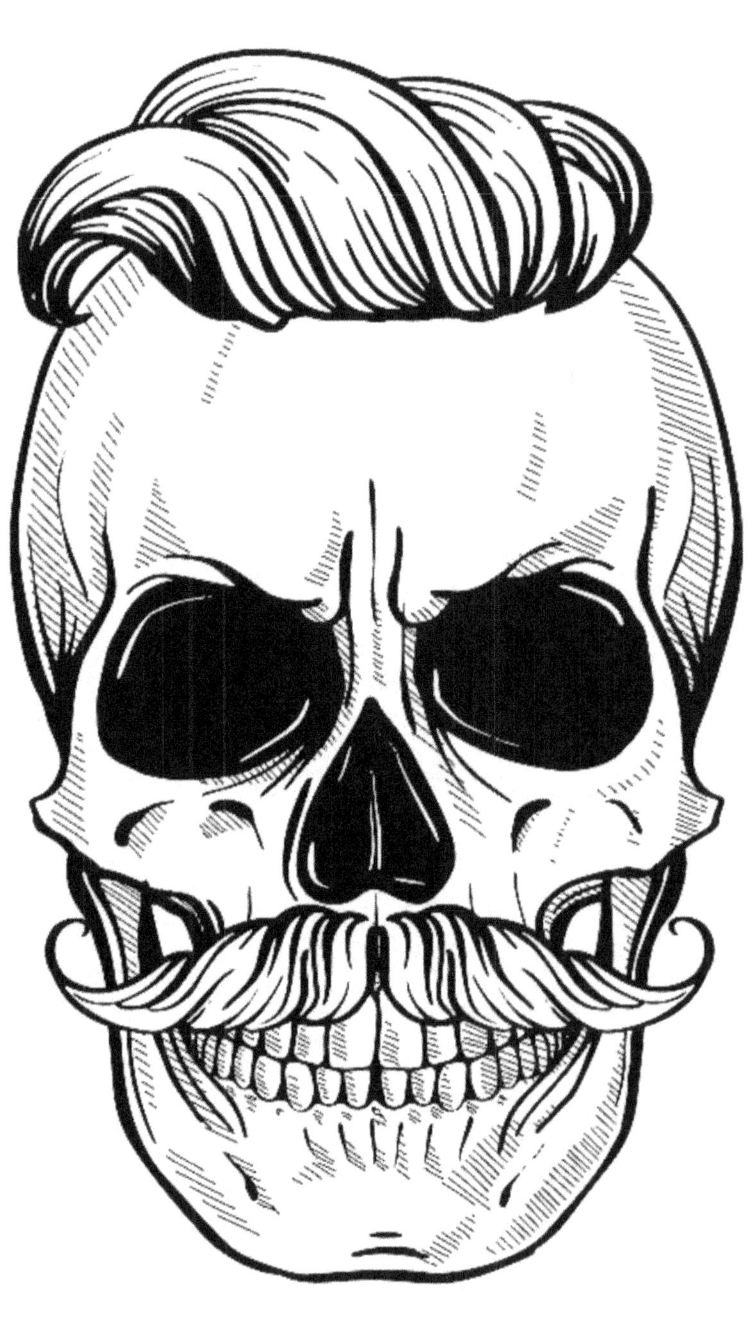

CRÂNE LIVRE DE COLORIAGE

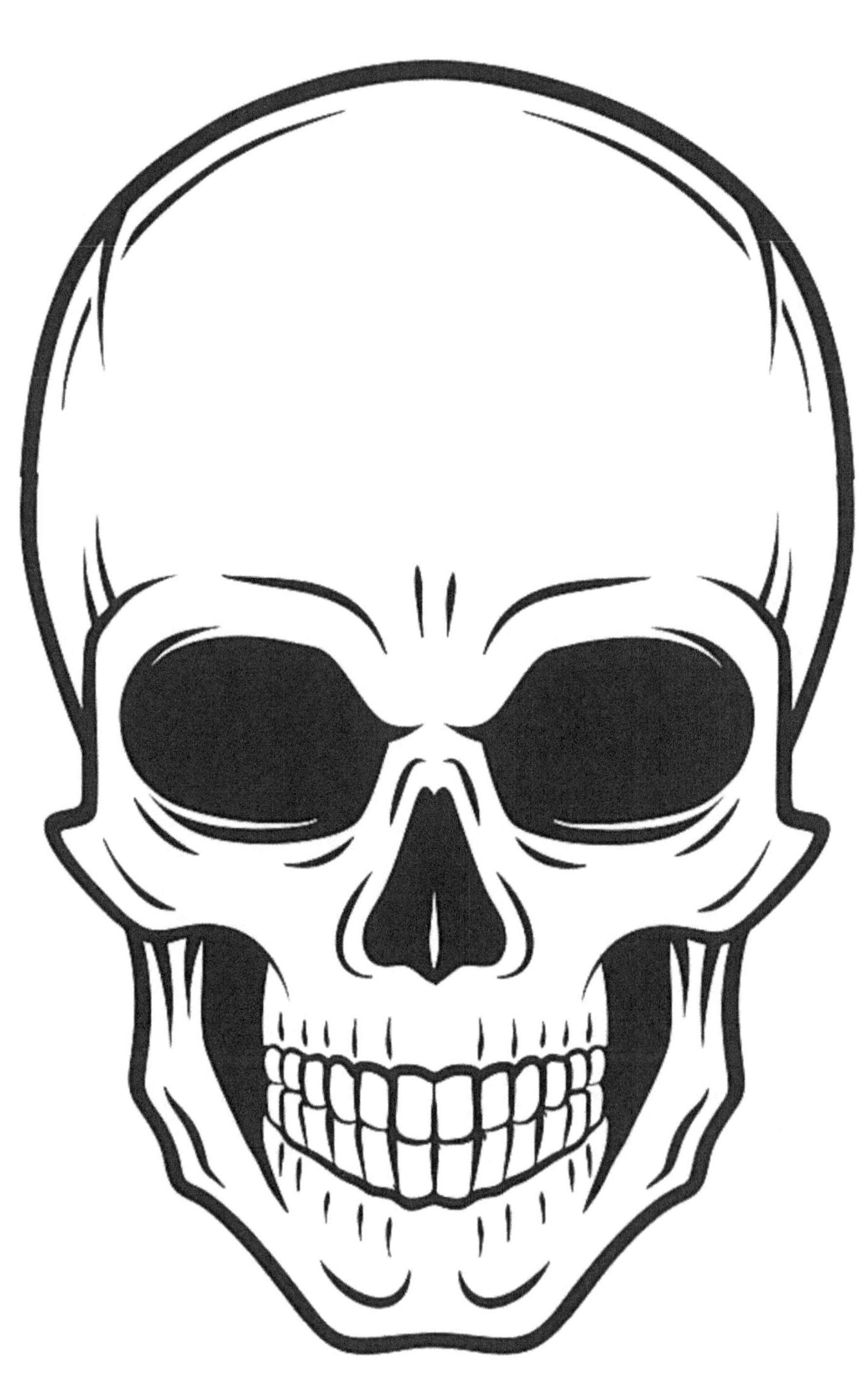

CRÂNE LIVRE DE COLORIAGE

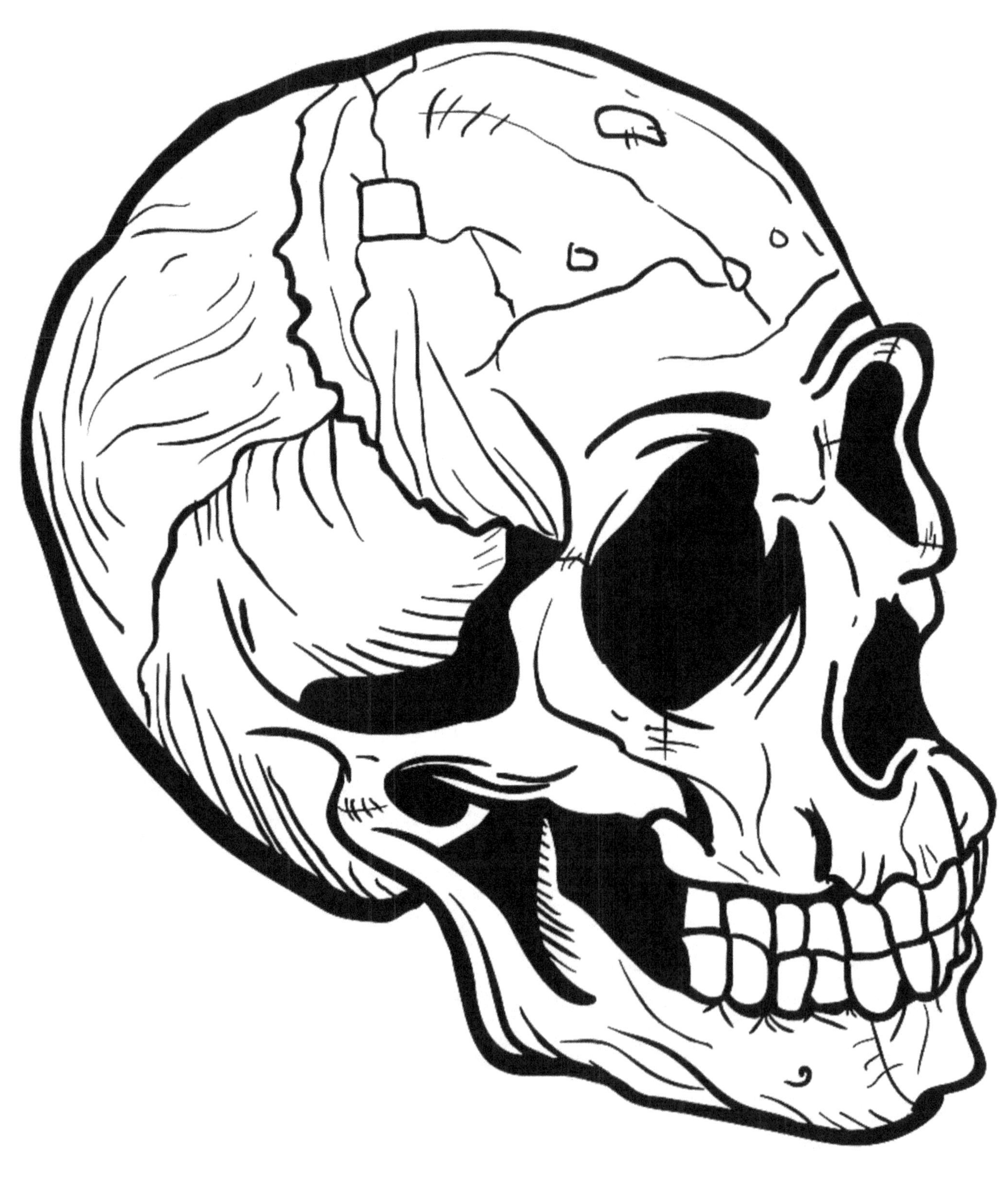

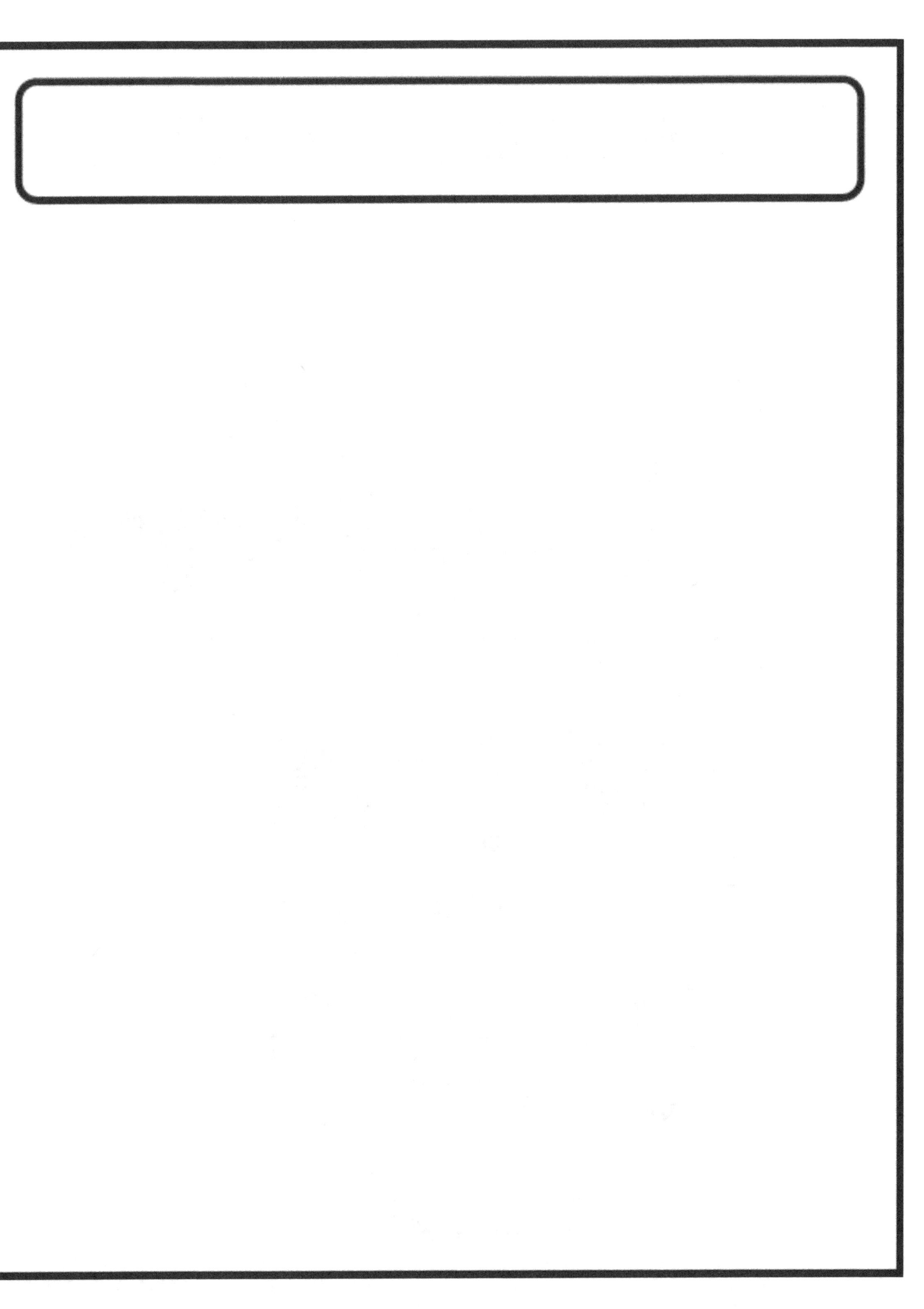

CRÂNE LIVRE DE COLORIAGE

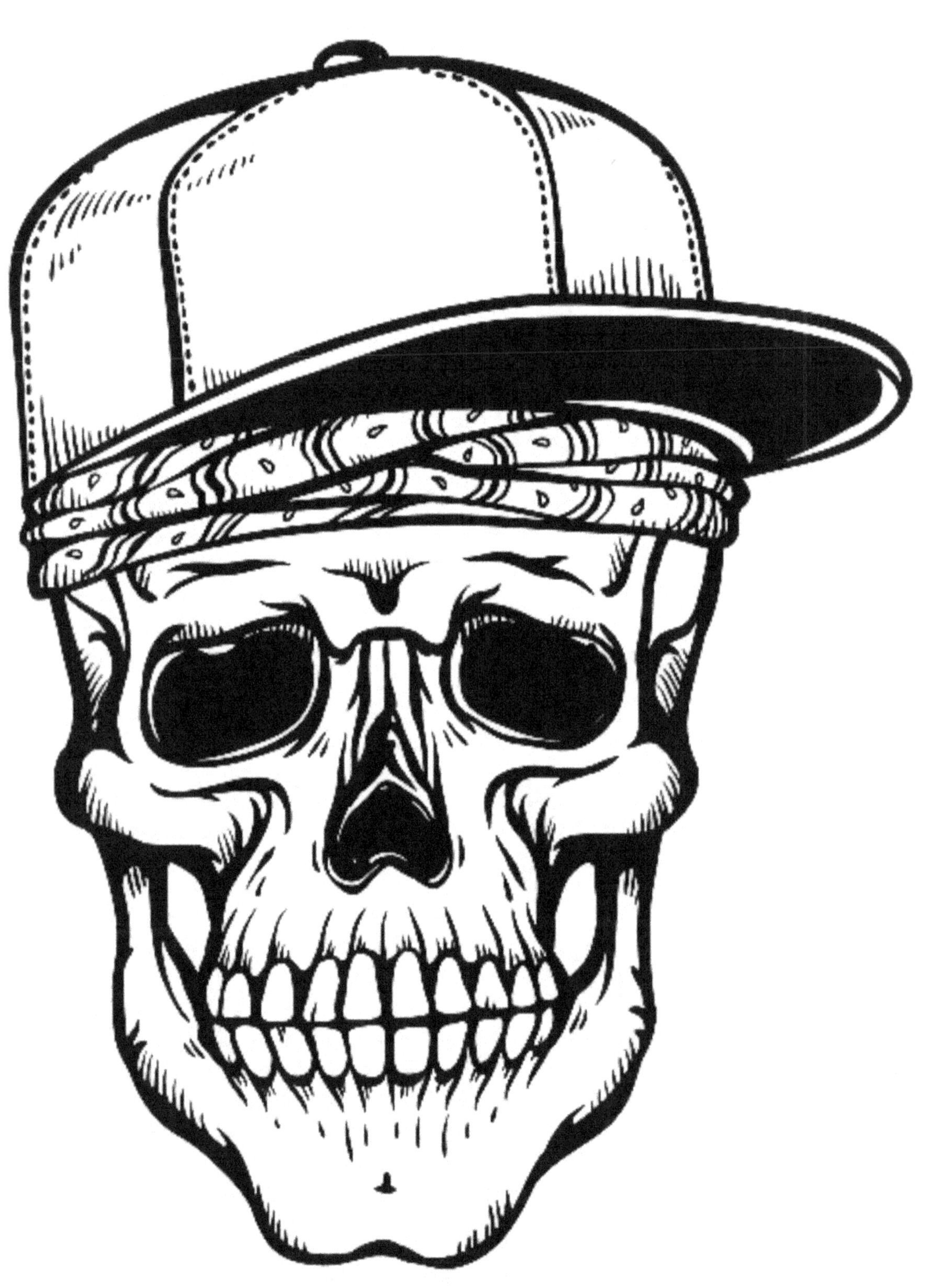

CRÂNE LIVRE DE COLORIAGE

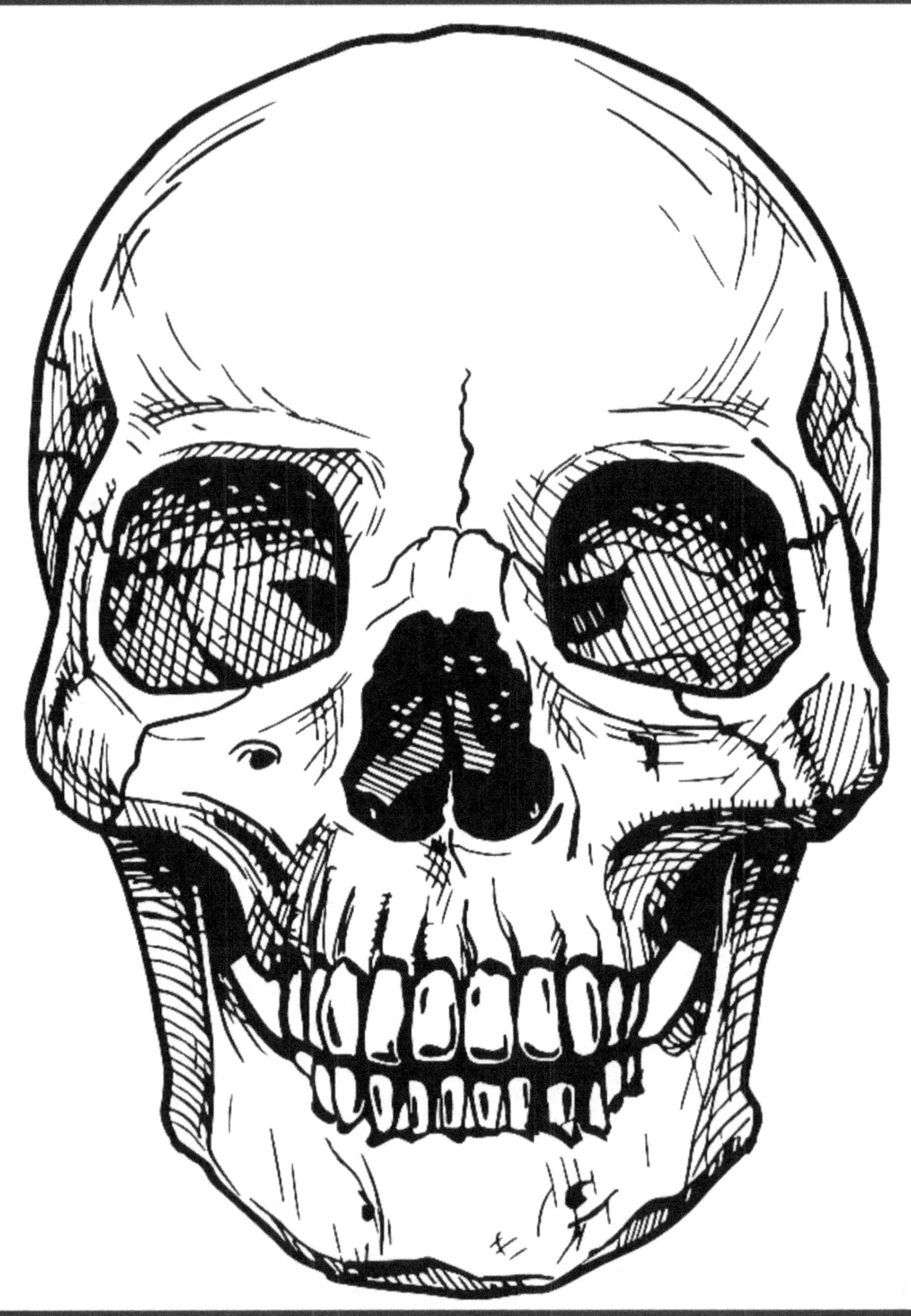

CRÂNE LIVRE DE COLORIAGE

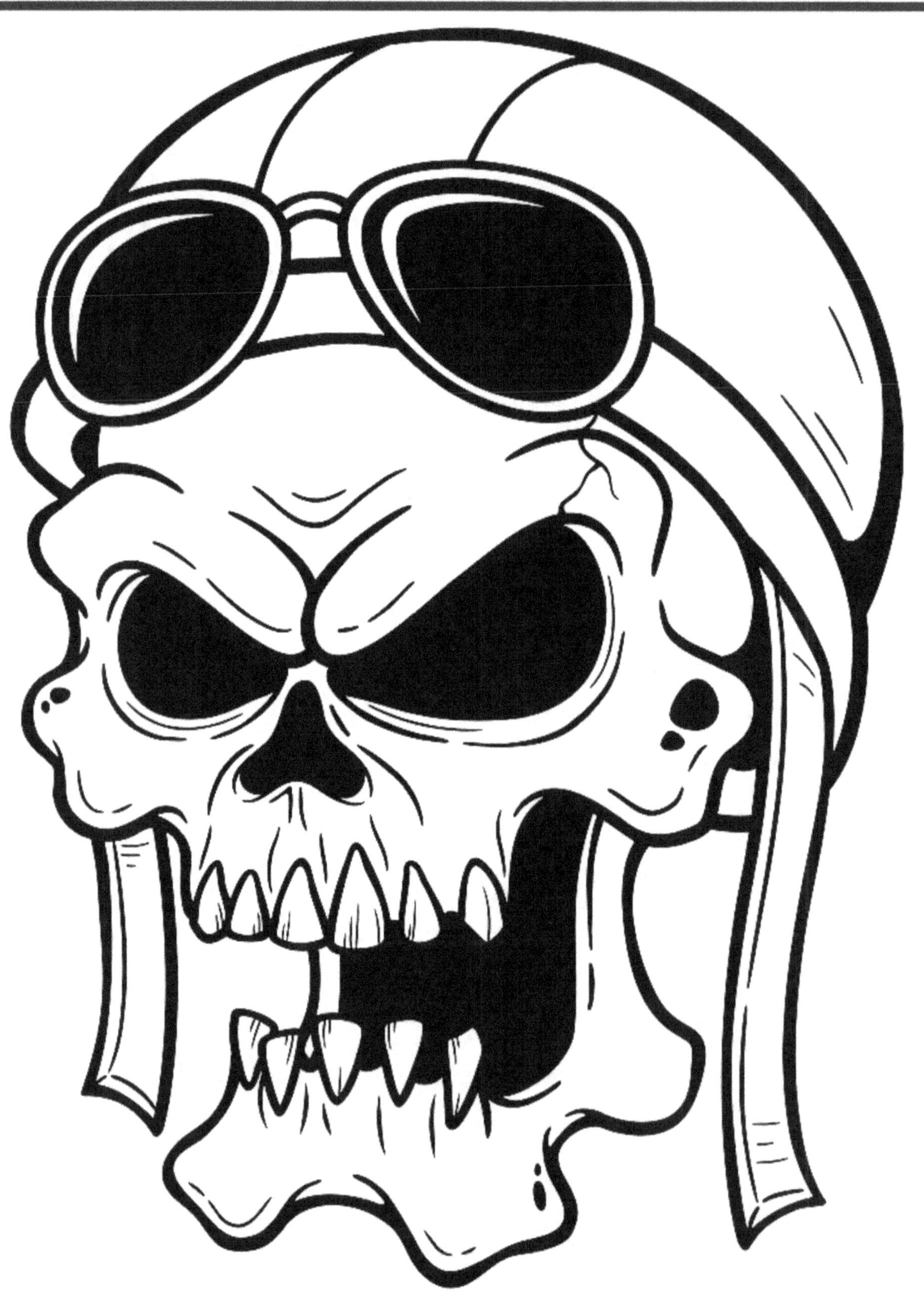

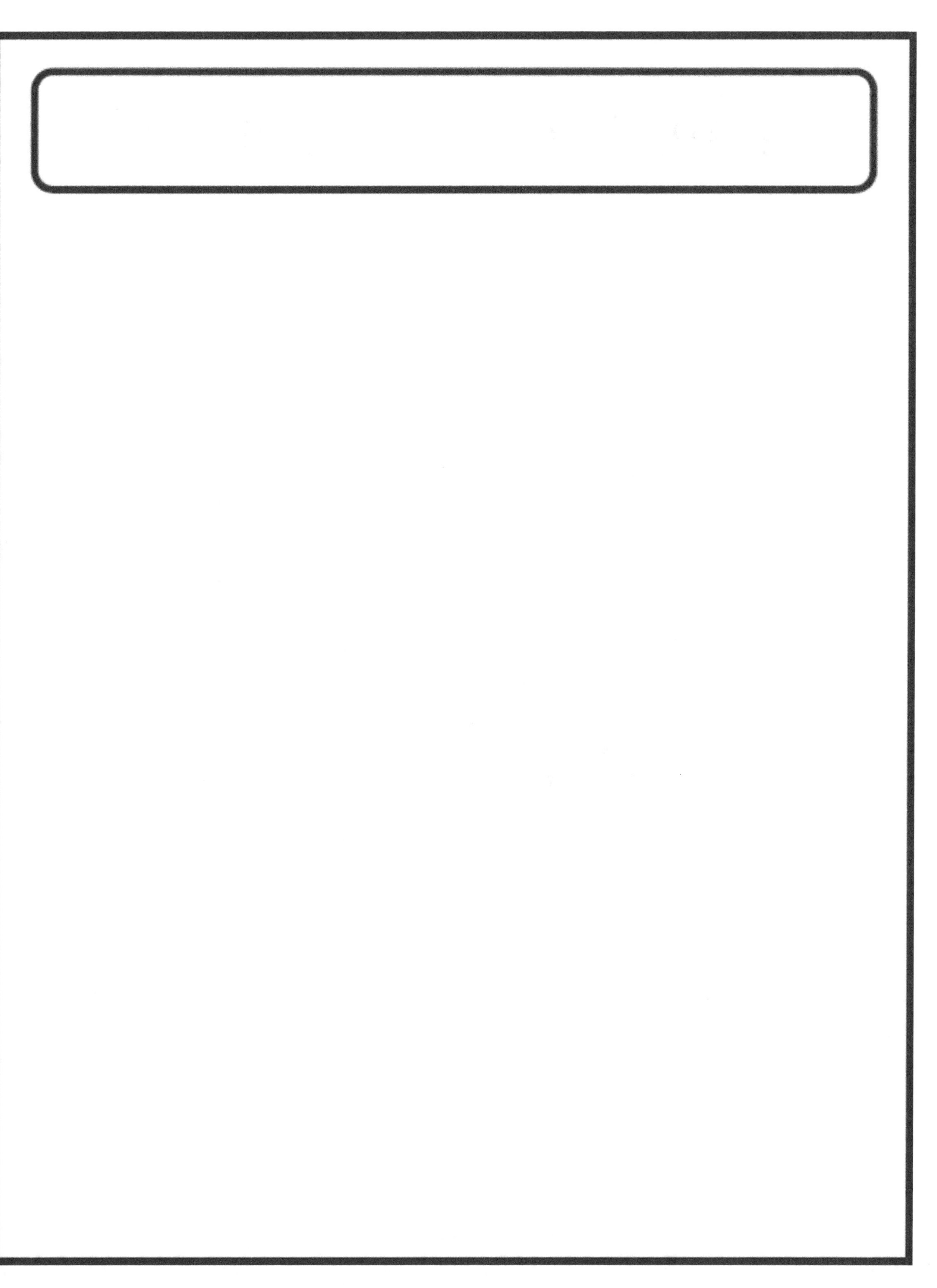

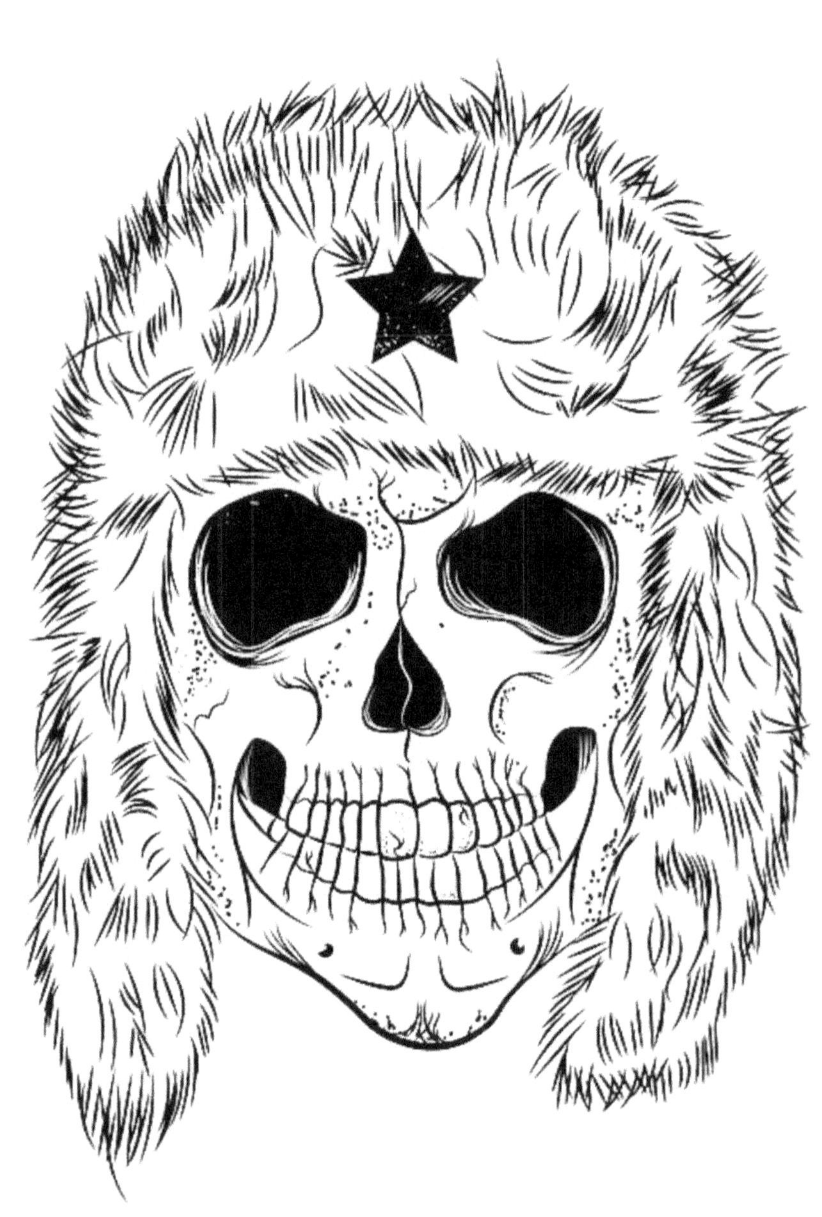

CRÂNE LIVRE DE COLORIAGE

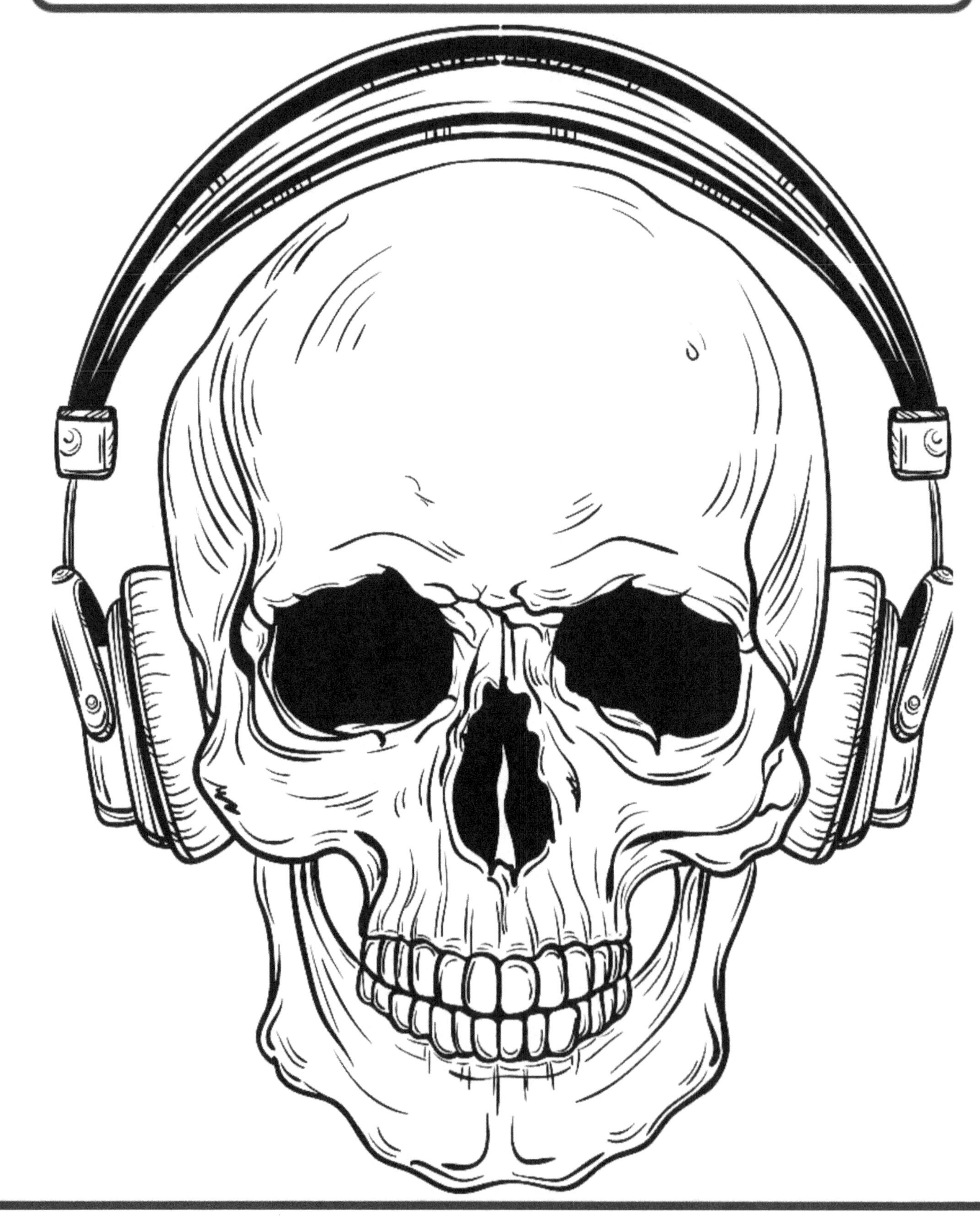

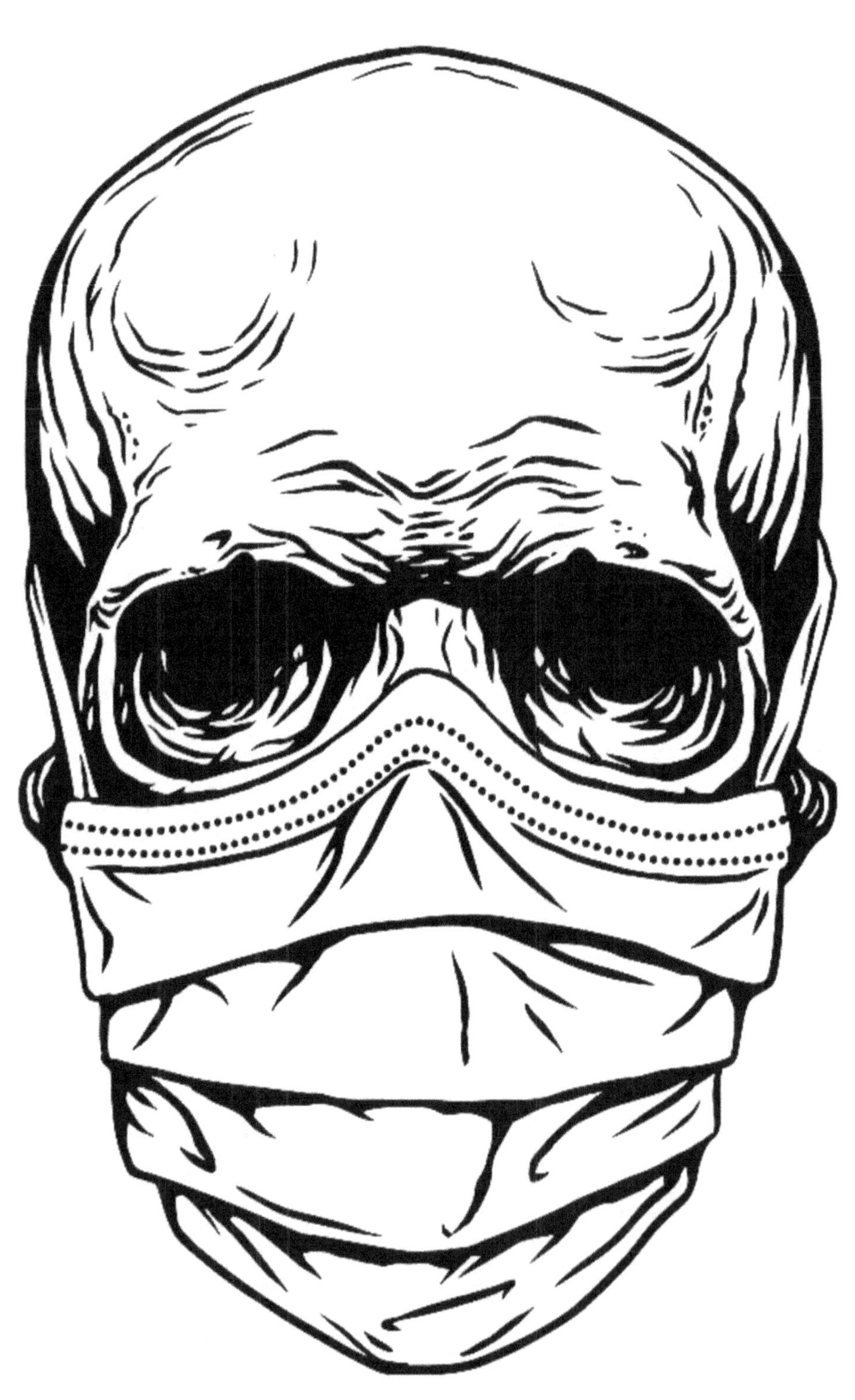

CRÂNE LIVRE DE COLORIAGE

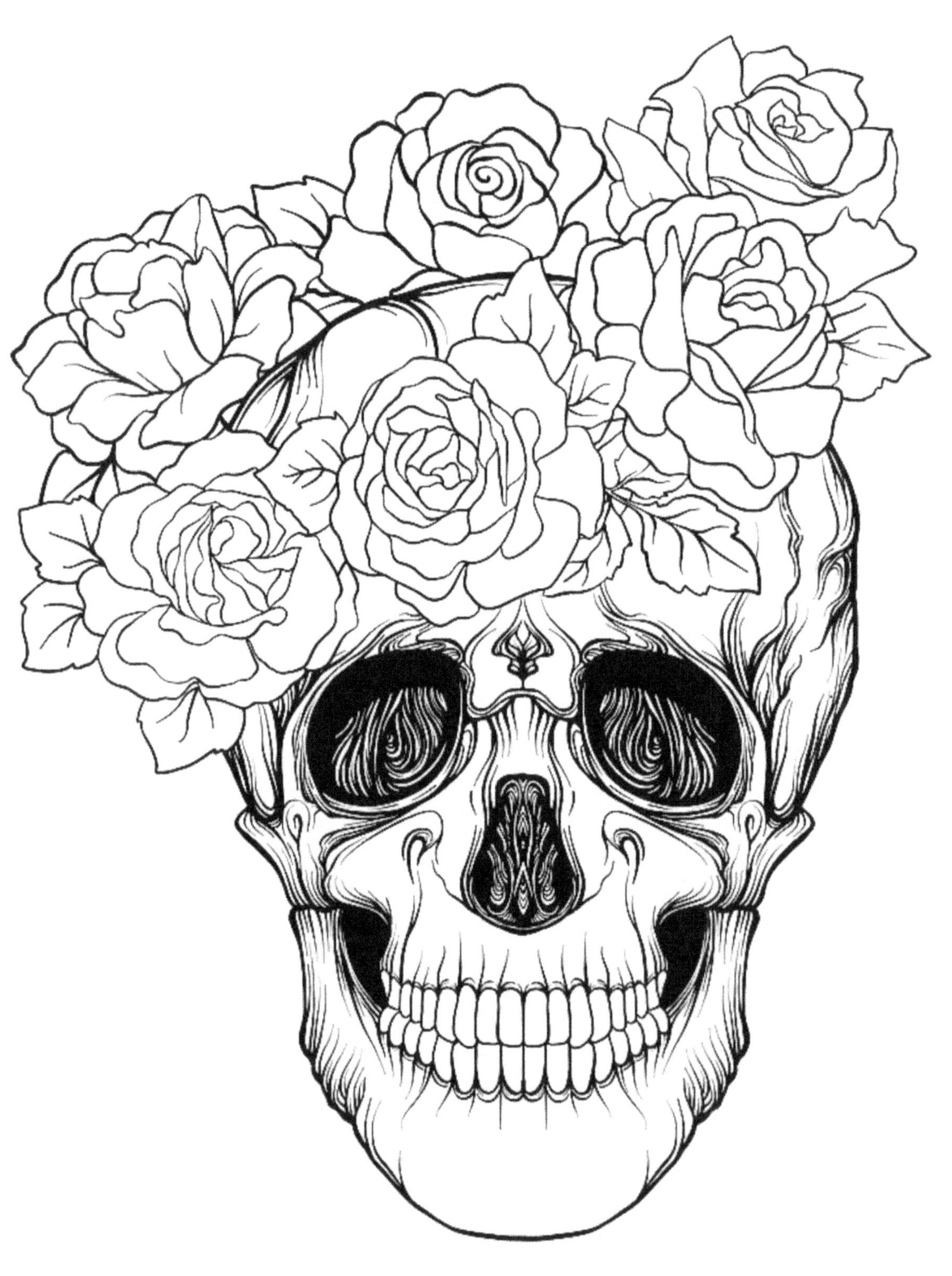

CRÂNE LIVRE DE COLORIAGE

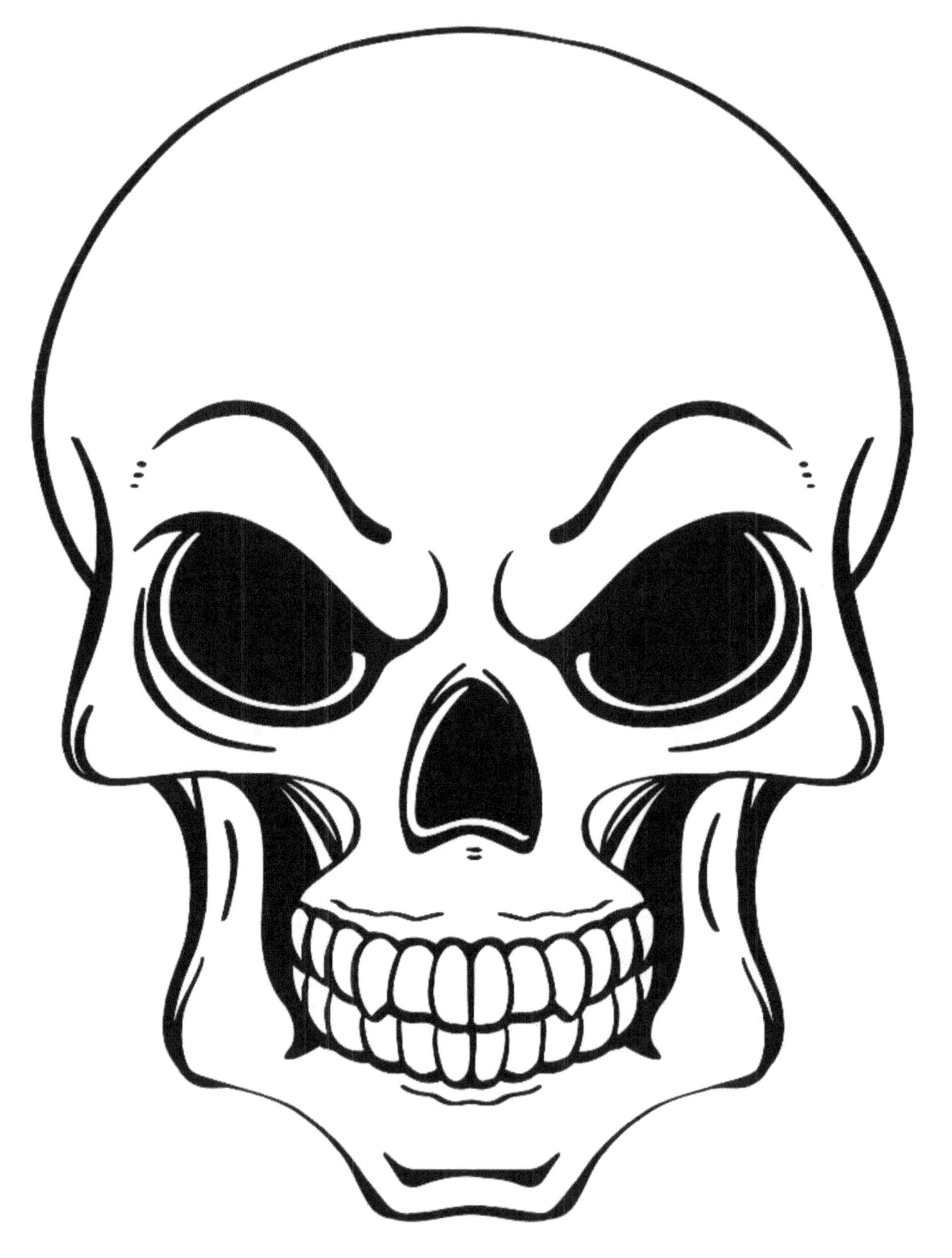

CRÂNE LIVRE DE COLORIAGE

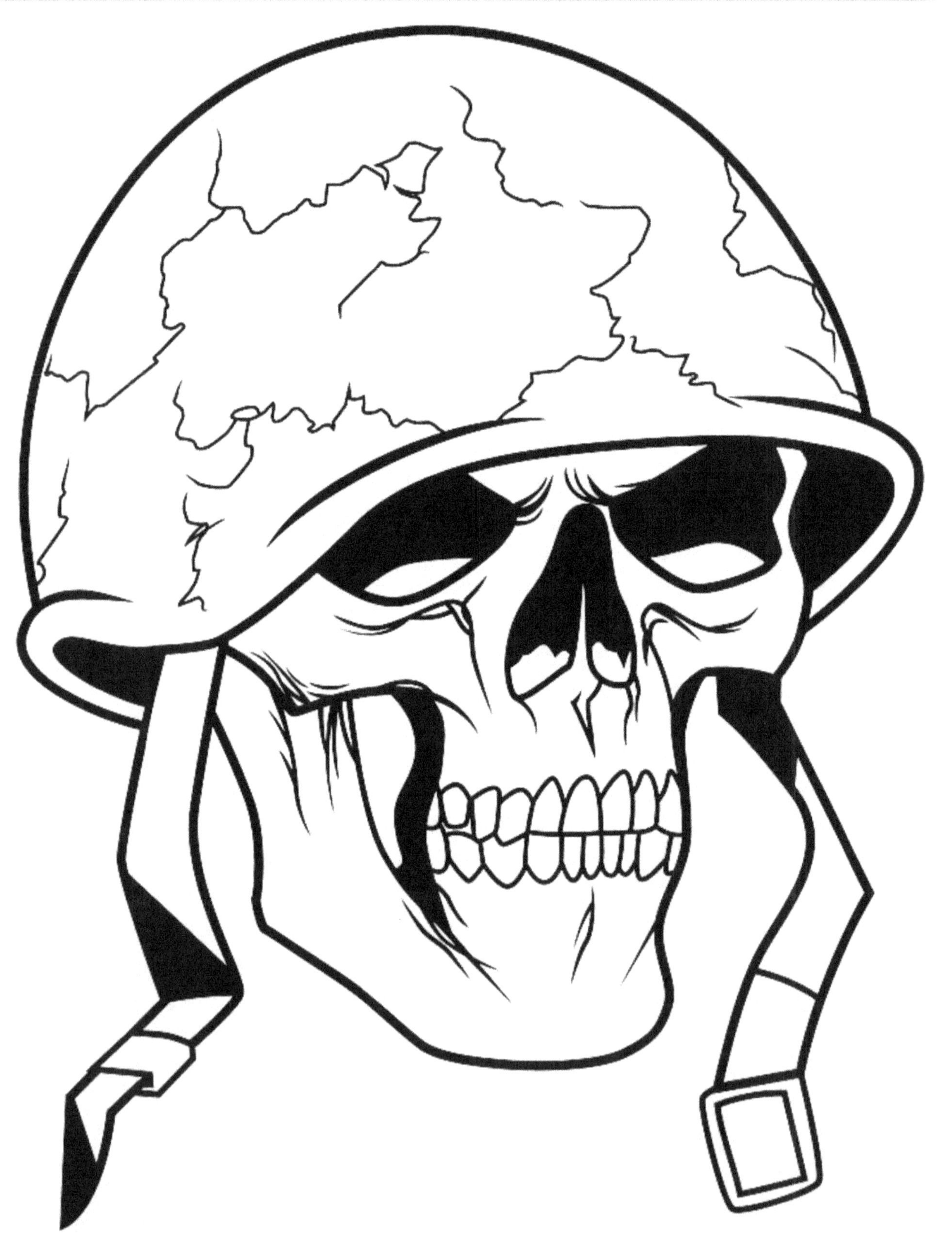

CRÂNE LIVRE DE COLORIAGE

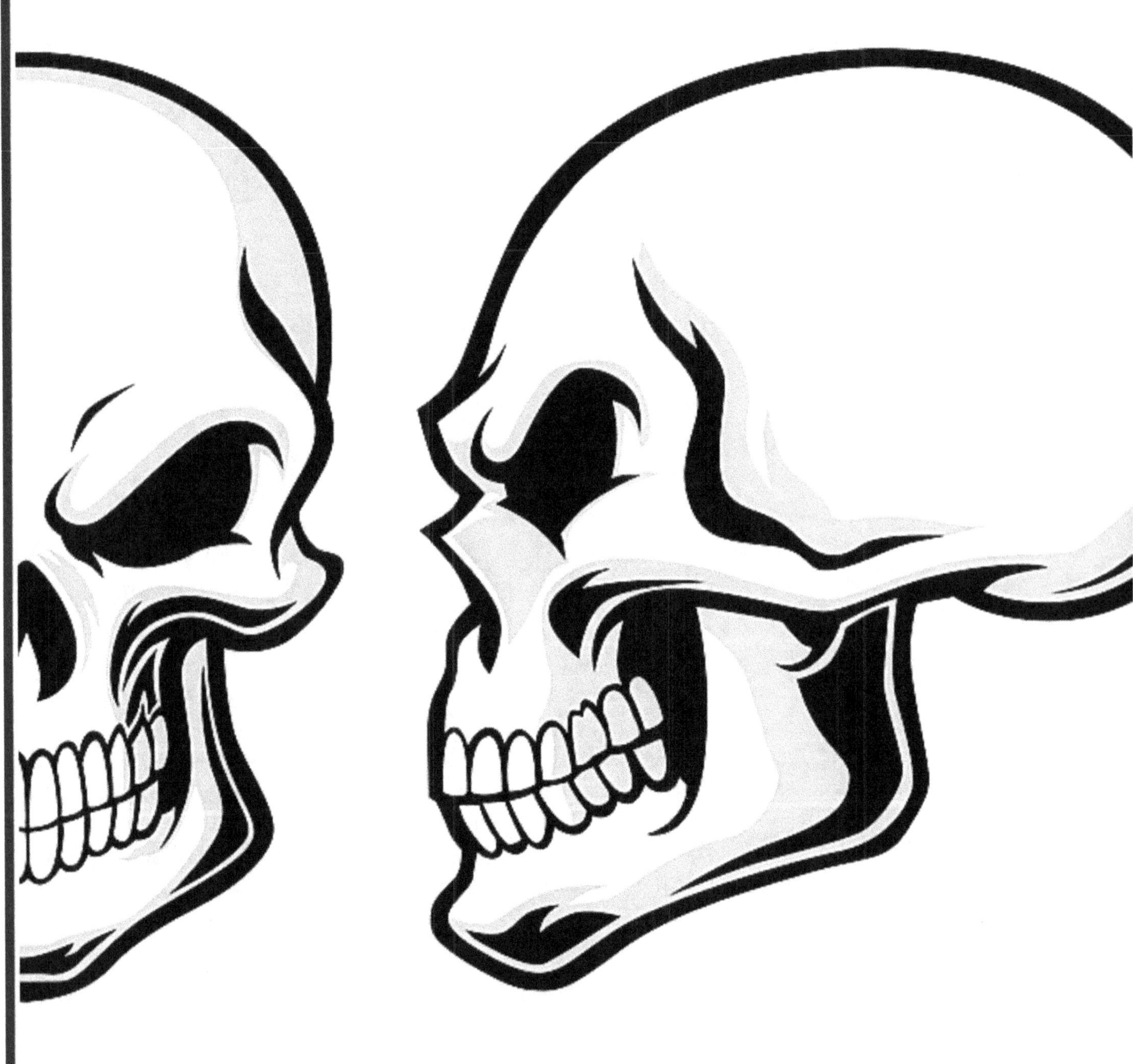

CRÂNE LIVRE DE COLORIAGE

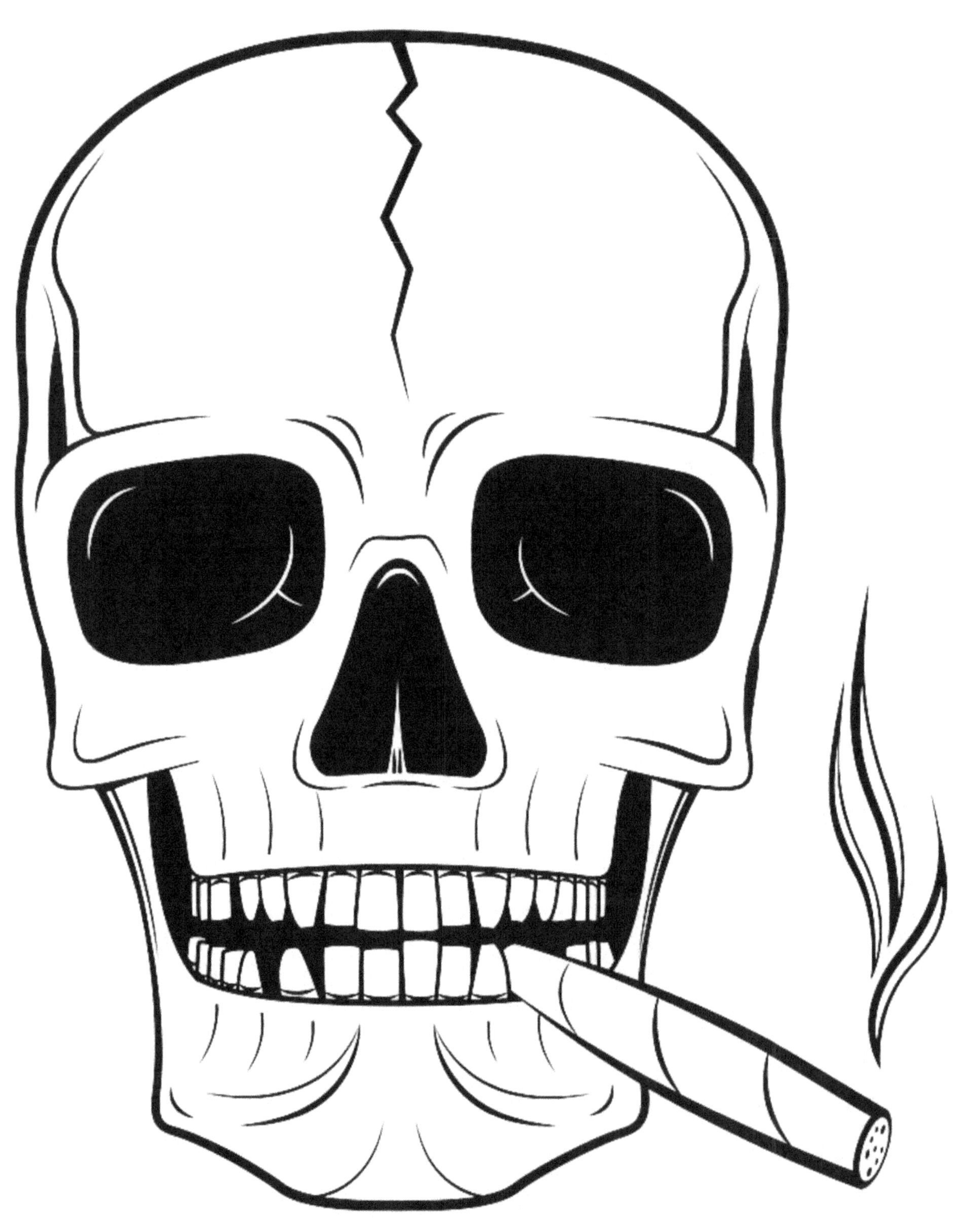

CRÂNE LIVRE DE COLORIAGE

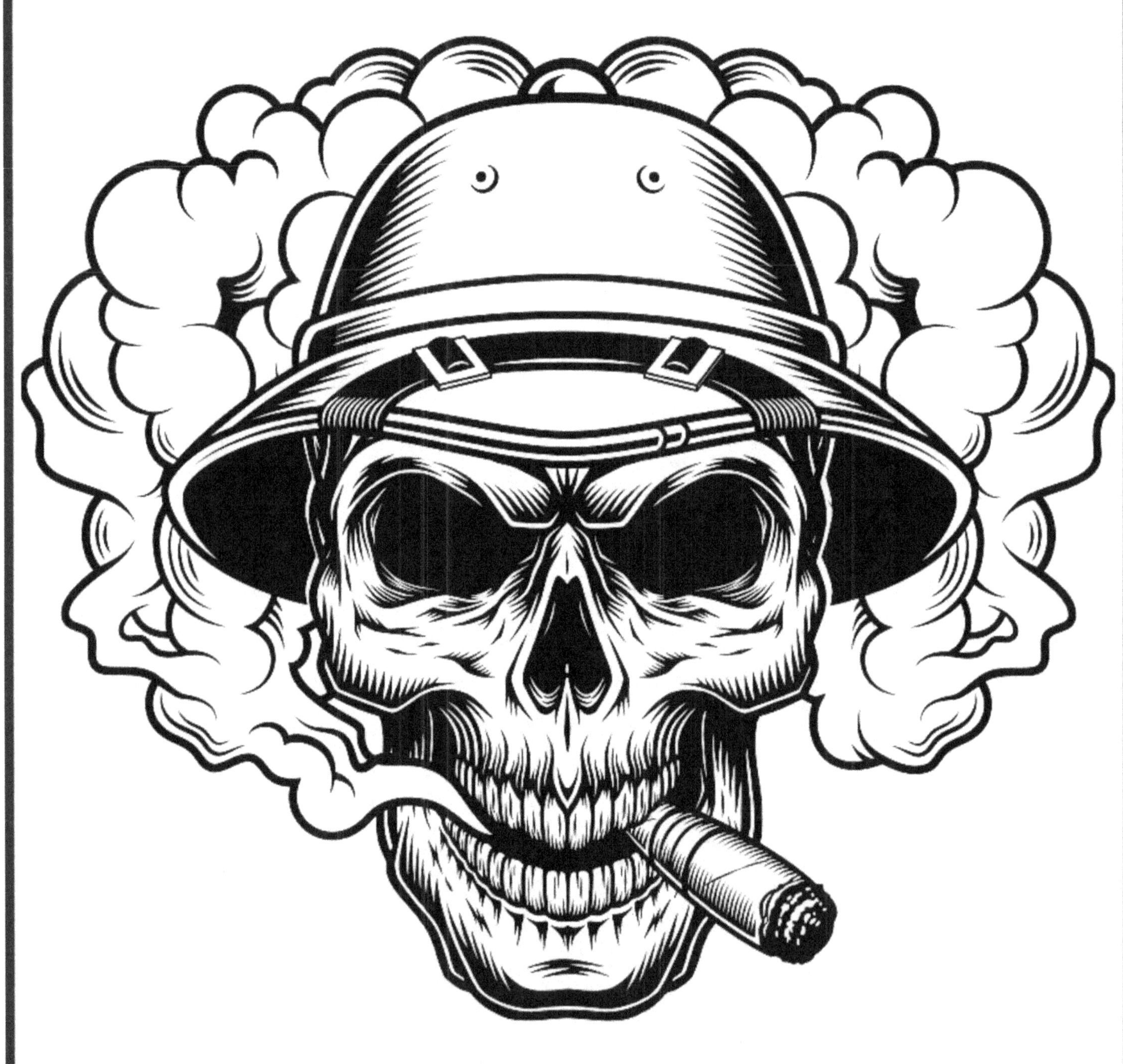

CRÂNE LIVRE DE COLORIAGE

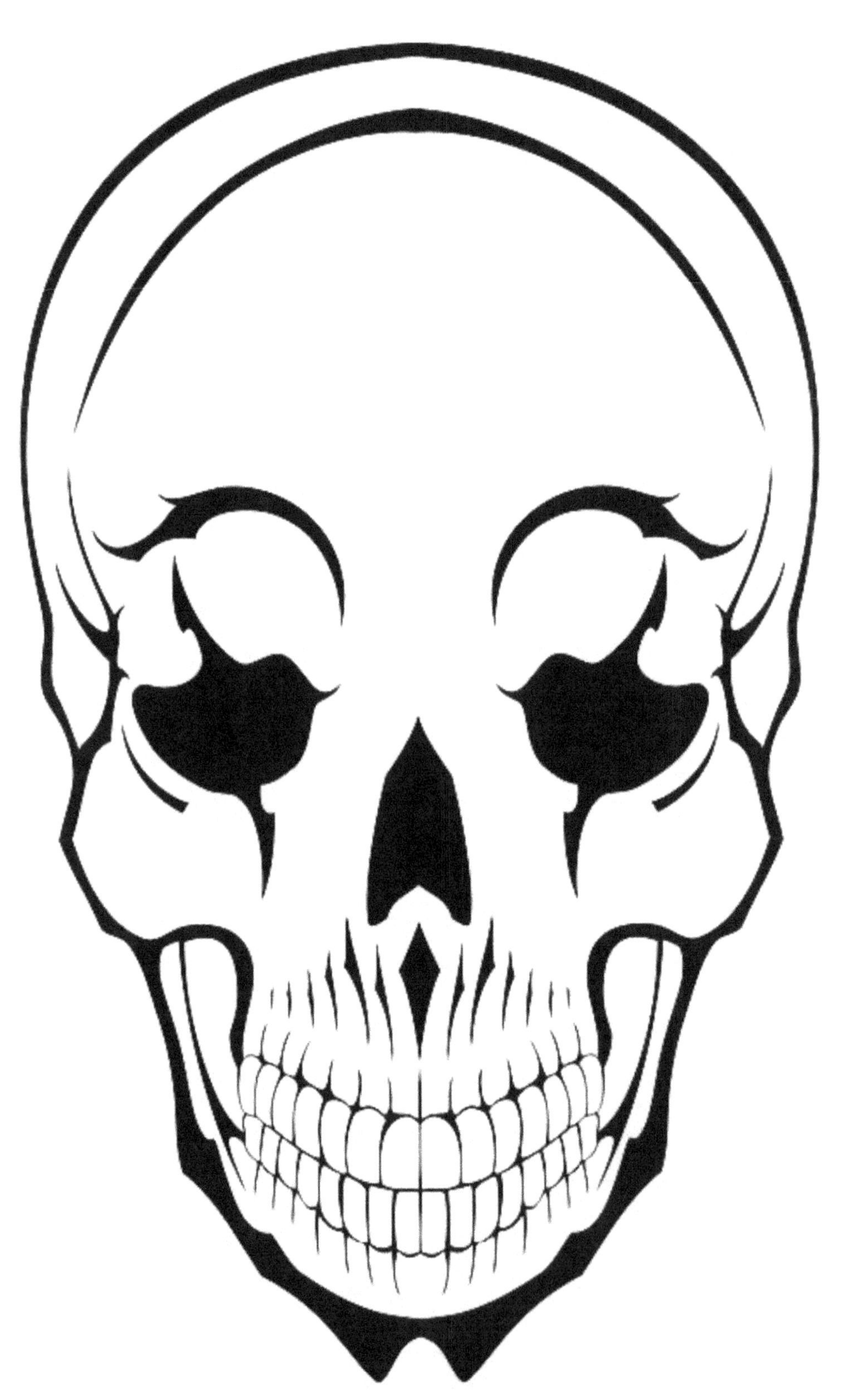

CRÂNE LIVRE DE COLORIAGE

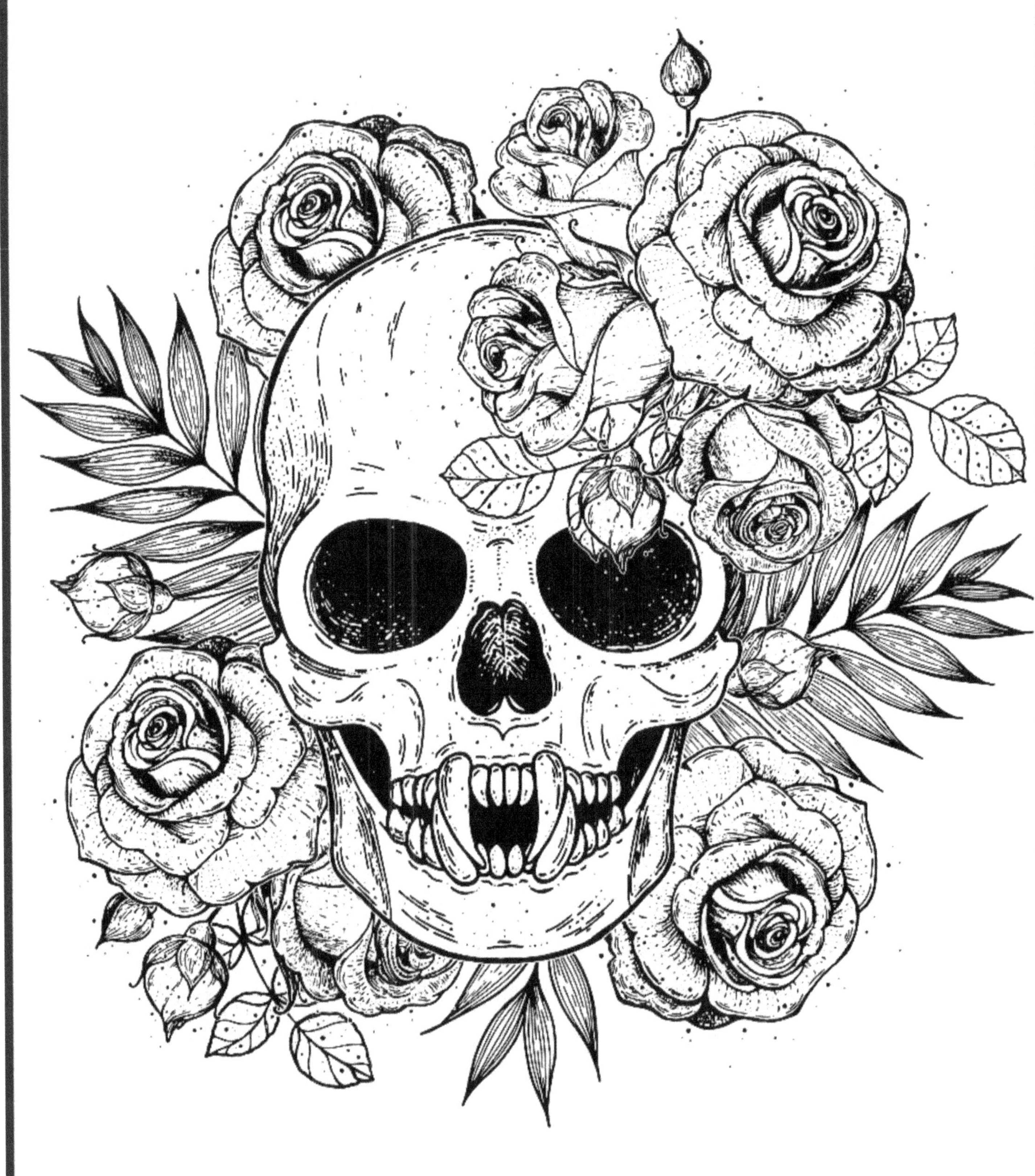

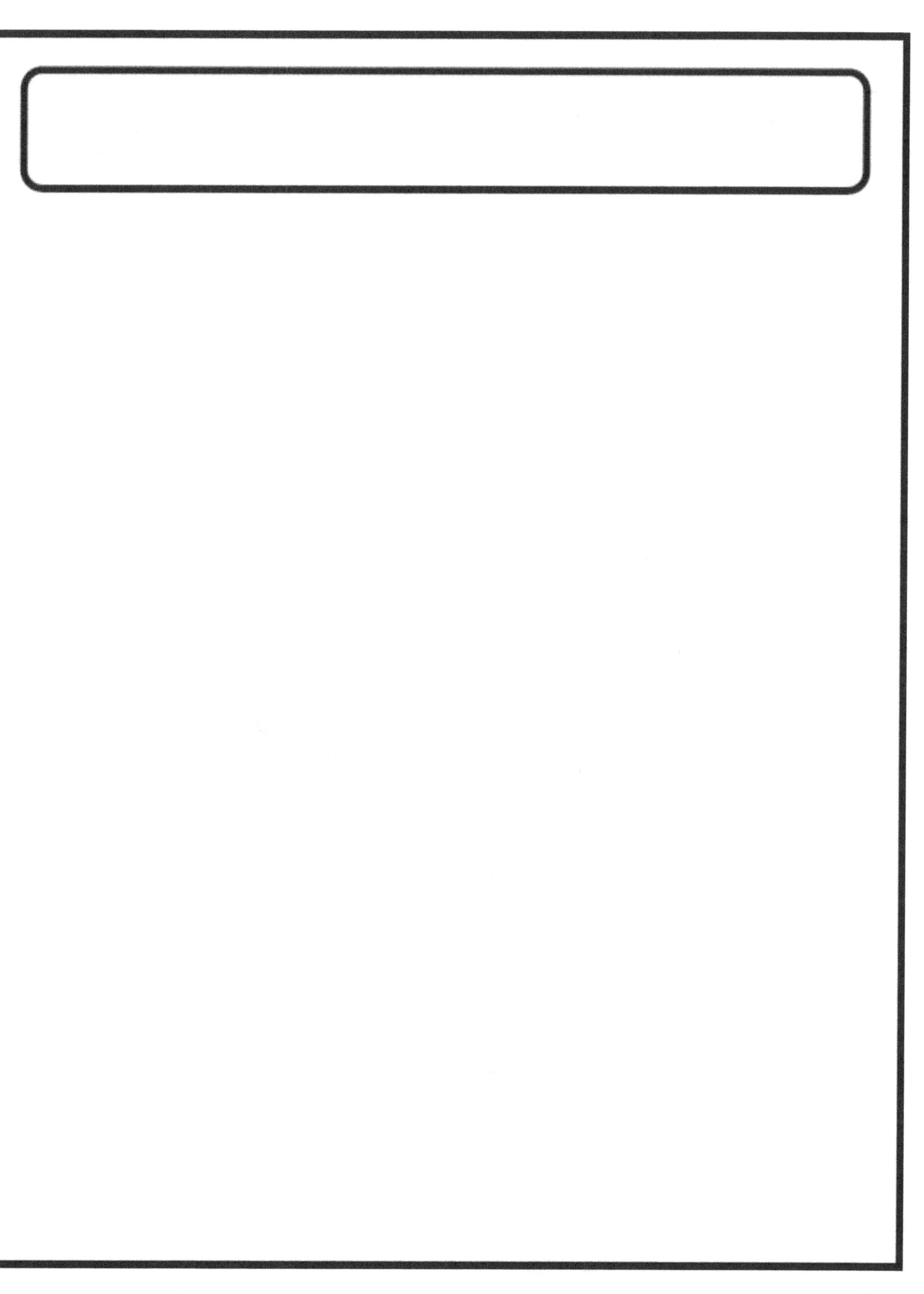

CRÂNE LIVRE DE COLORIAGE

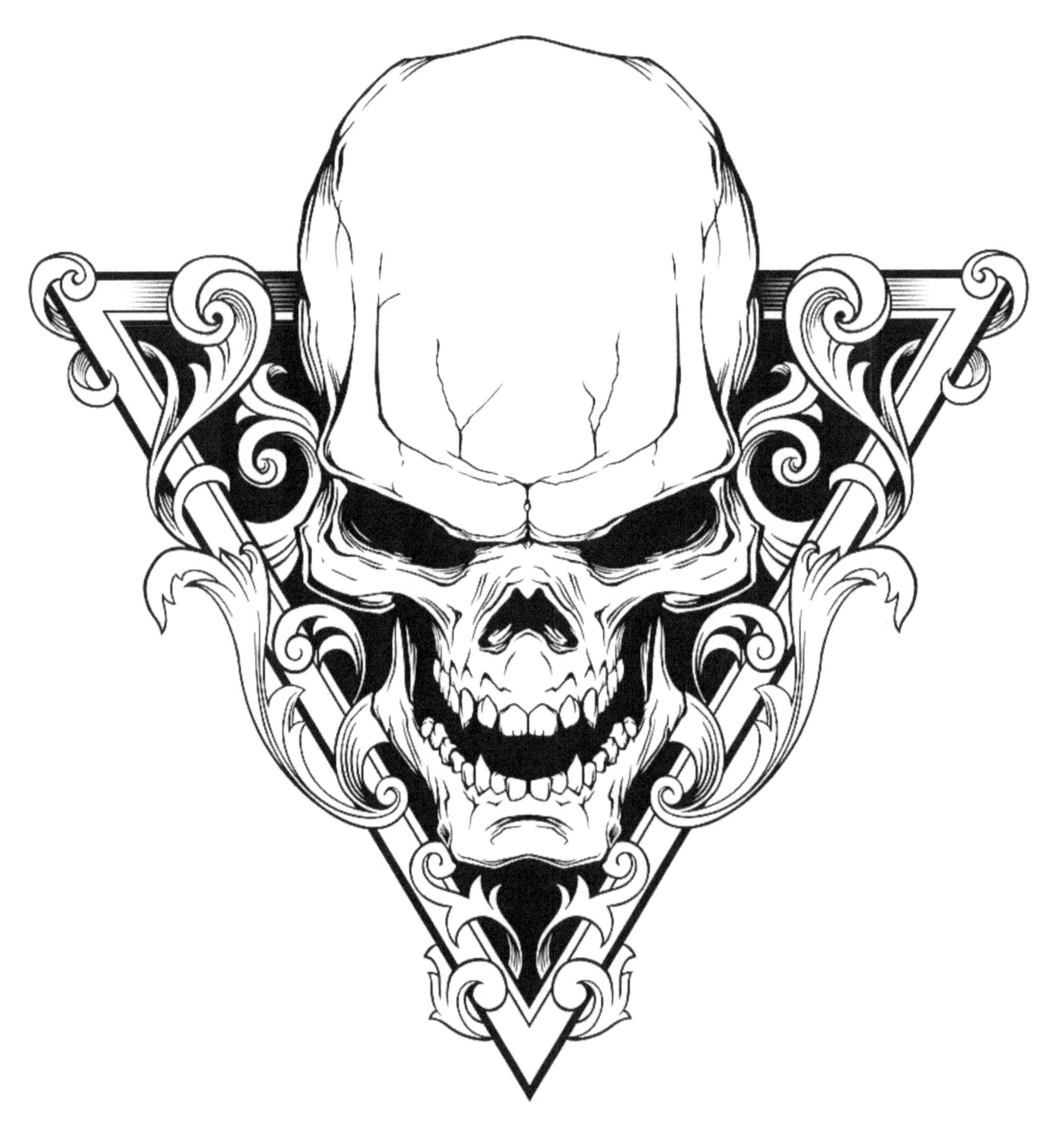

CRÂNE LIVRE DE COLORIAGE

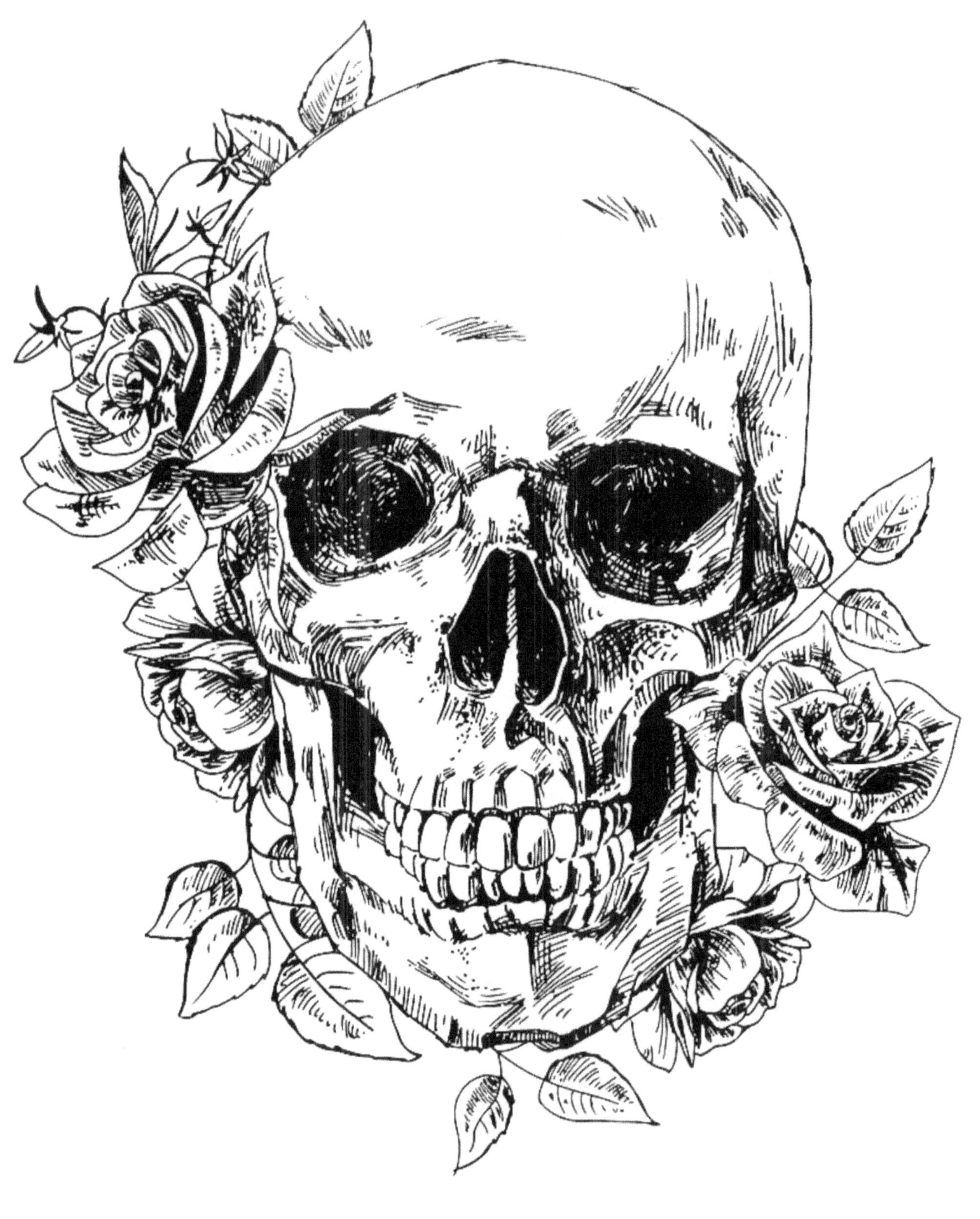

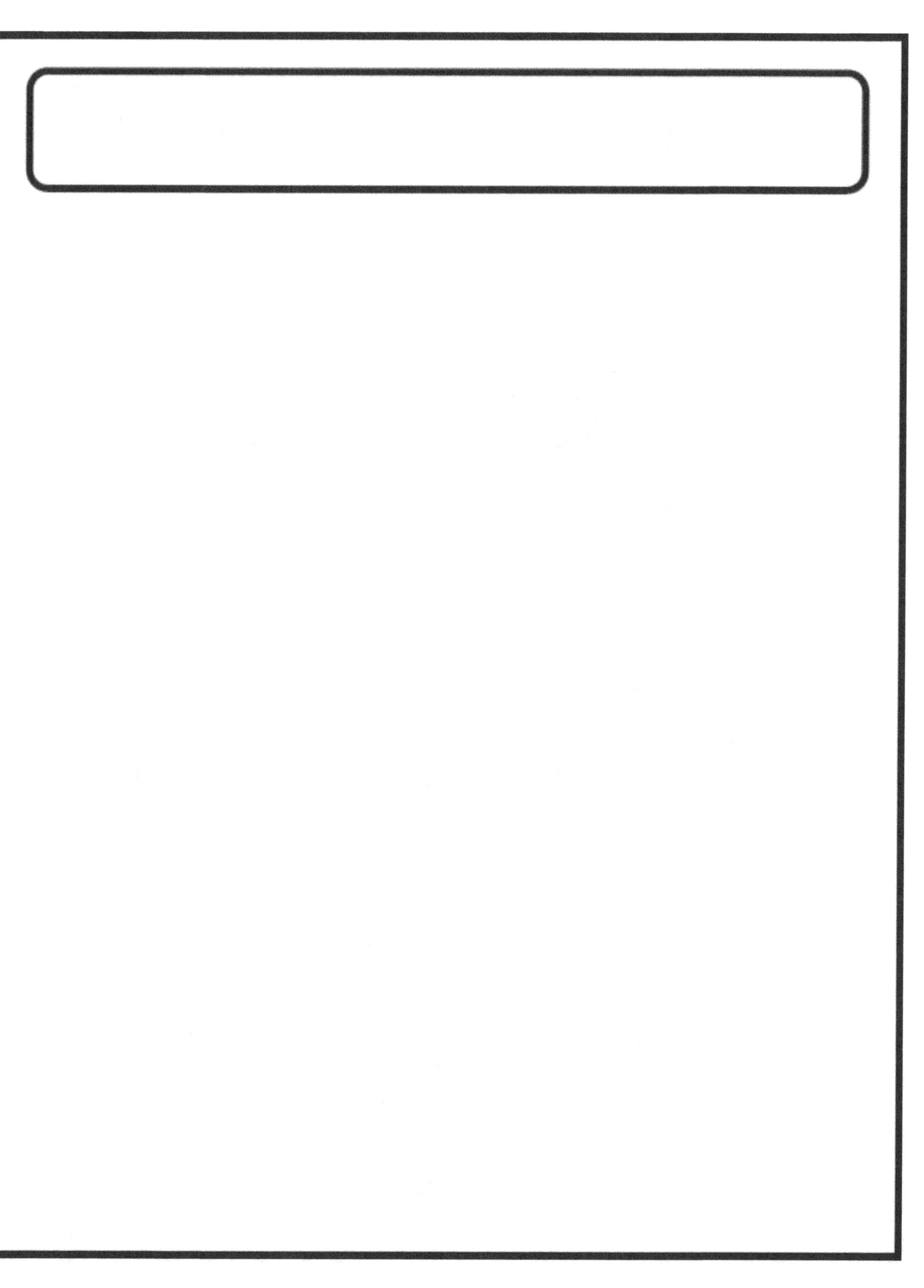

CRÂNE LIVRE DE COLORIAGE

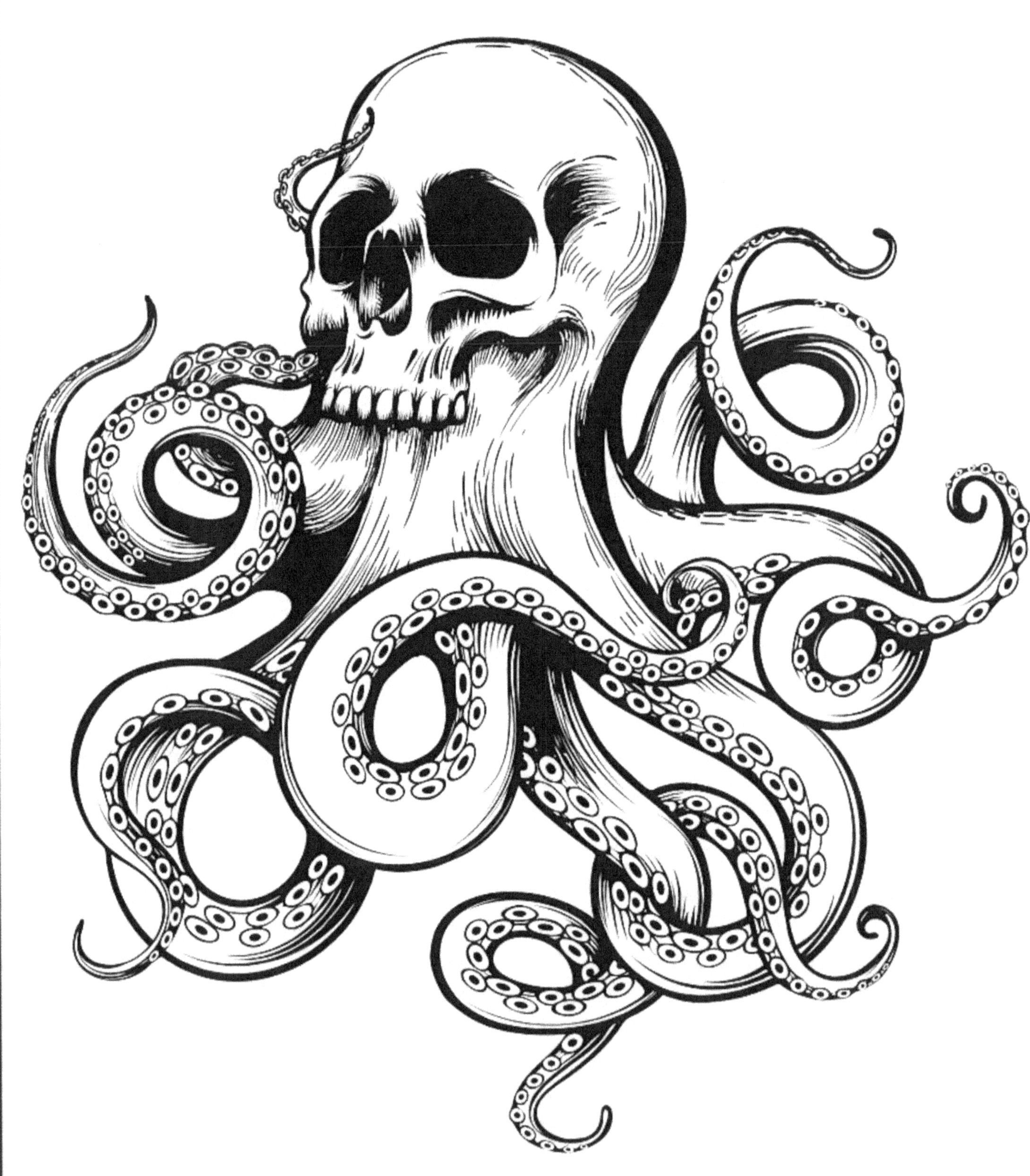